Franz Heinrich Reusch

Luis de Leon und die spanische Inquisition

Franz Heinrich Reusch

Luis de Leon und die spanische Inquisition

ISBN/EAN: 9783744643269

Hergestellt in Europa, USA, Kanada, Australien, Japan

Cover: Foto ©ninafisch / pixelio.de

Weitere Bücher finden Sie auf **www.hansebooks.com**

Luis de Leon

und

die spanische Inquisition.

Von

Dr. Fr. Heinrich Reusch,

Professor der katholischen Theologie an der Universität in Bonn.

———

Bonn,

Eduard Weber's Buchhandlung.

R. Weber & R. Hochgürtel.

1873.

Seinem hochverehrten Lehrer

J. von Döllinger

in dankbarer Liebe

gewidmet

von dem Verfasser.

Vorwort.

Man wird von dieser Schrift sagen: sie entspreche den Anforderungen nicht, die man an eine Monographie über Luis de Leon und den gegen ihn geführten Proceß der Inquisition zu stellen berechtigt sei; der an die Spitze gestellte Vortrag sei nur eine kurze Skizze, die demselben beigefügten Untersuchungen nur Vorarbeiten; unter Benutzung dieser hätte jene Skizze zu einer vollständigen Darstellung erweitert werden sollen; wie die Schrift vorliege, sei nur der erste Theil für einen weitern Leserkreis geeignet, der zweite höchstens schätzbares Material für Studien über Luis de Leon, über die spanische Inquisition und allenfalls noch über die theologische und die spanische Literaturgeschichte im sechszehnten Jahrhundert.

Dieses Urtheil halte ich selbst für richtig. Zur Rechtfertigung oder Entschuldigung der Veröffentlichung des Werkchens in seiner jetzigen Gestalt kann ich nur folgendes sagen.

Den Vortrag, welcher an der Spitze steht, habe ich auf Ersuchen für einen wohlthätigen Zweck im Januar 1872 vor einem gemischten Auditorium gehalten. Es lagen diesem Vortrage einerseits Studien zu Grunde, zu denen mir das Buch von Wilkens über Luis de Leon und die Besprechung desselben im Theologischen Literaturblatt (1867, 478) den ersten Anstoß gegeben; anderseits wurde der Vortrag selbst für mich eine Veranlassung, diese Studien weiter auszudehnen. Sie wurden oft durch andere bringendere Arbeiten und noch öfter durch die Schwierigkeit, die literarischen Hülfsmittel zu erlangen, unterbrochen. Ob ich überhaupt befähigt sei, eine gute historische Monographie zu schreiben, war mir von Anfang sehr zweifelhaft; bald erkannte ich auch, daß ich jedenfalls, um eine solche Monographie über Luis de Leon liefern zu können, nicht nur noch einer geraumen Zeit bedürfe, sondern auch noch mancherlei geschichtliche und literarhistorische Forschungen würde anstellen müssen. Und dabei hätte ich noch manche Hülfsmittel benutzen müssen, die mir für jetzt unerreichbar waren; gelang es mir ja erst nach manchen vergeblichen Anfragen, von Luis

be Leon's lateinischen Werken ein einziges aufzutreiben. Den Ge-
danken, eine geschichtliche Monographie zu schreiben, mußte ich also
aufgeben, zumal andere, mit meinem Fachstudium enger zusammen-
hängende wissenschaftliche Arbeiten ein größeres und älteres Anrecht
auf meine Zeit und meine Kräfte haben. So sah ich mich denn
vor die Alternative gestellt, entweder gar nichts von den Ergebnissen
meiner Studien über Luis de Leon zu veröffentlichen, oder dieselben
so drucken zu lassen, wie sie in dieser Schrift vorliegen. Mich nicht
für das Erstere zu entschließen, dazu bestimmte mich die Hoffnung,
daß meine Arbeit doch nicht ohne allen Werth sein möchte. Ich glaube
die bisherigen Darstellungen des Lebens, der schriftstellerischen Thätigkeit und des Processes Luis de Leon's doch in einigen Punkten
berichtigt und ergänzt, über Arias Montano, Medina, Castro und
andere spanische Theologen des sechszehnten Jahrhunderts, sowie über
die sogenannte Bibel des Vatablus, einige wenig bekannte und doch
nicht ganz unwichtige und uninteressante Notizen zusammengestellt und
namentlich eine genauere Kenntniß der spanischen Inquisition durch
den in No. IX gegebenen vollständigen und actenmäßigen Bericht
über Luis de Leon's Proceß und durch eine Anzahl von kleineren
Mittheilungen (S. 35. 41. 62. 72) gefördert zu haben.

Mit Rücksicht auf diese offene Darlegung der bescheidenen An-
sprüche, welche die kleine Schrift macht, wird sie hoffentlich eine nach-
sichtige Aufnahme finden.

Zur Erläuterung der Citate habe ich zu bemerken, daß ich der
Kürze halber die sehr oft zu citirenden beiden Bände, welche die
Proceßacten enthalten (S. 20), durchgängig einfach mit X und XI,
die sechs Bände der Merino'schen Ausgabe der spanischen Werke Luis
de Leon's (S. 26) mit I bis VI bezeichnet habe.

Bonn, im Februar 1873.

Reusch.

Inhalt.

Der Theologe und Dichter Fray Luis de Leon und die spanische Inquisition.

Ein Vortrag.

Ludwig oder, wie der Name spanisch lautet, Luis de Leon wurde 1527 zu Belmonte in der Mancha geboren. Seine Familie war angesehen und wohlhabend. Sein Vater war Advocat, später Rath an dem königlichen Gerichtshofe zu Granada. Erst vierzehn Jahre alt, wurde Luis auf die Universität Salamanca gesandt, wo ein Bruder seines Vaters Professor der Rechte war. Auch Luis war für die Jurisprudenz bestimmt, wählte aber das Studium der Theologie und meldete sich auch schon nach wenigen Monaten zum Eintritt in den Orden der Augustiner. Als er das gesetzliche Alter erreicht, das sechszehnte Lebensjahr vollendet hatte, legte er am 29. Januar 1544 in dem Kloster St. Augustin zu Salamanca die Ordensgelübbe ab. Mit einigen Unterbrechungen hat er sein ganzes folgendes Leben hindurch diesem Kloster und der Universität Salamanca angehört. An dieser vollendete er zunächst seine theologischen Studien; nur ein oder zwei Semester besuchte er die rivalisirende Universität Alcala. Unter seinen Lehrern hat nur Melchior Cano einen Namen in der theologischen Literaturgeschichte. Im Jahre 1561 wurde Luis Magister der Theologie. Seine Lehrthätigkeit hatte er schon zehn Jahre früher als Lector in seinem Kloster begonnen; eine kurze Zeit scheint er auch zu Alcala, wahrscheinlich auch dort in dem Augustiner-Kloster, docirt zu haben. Bald nach seiner Promotion, in dem verhältniß-mäßig jugendlichen Alter von 34 Jahren erhielt er eine Professur an der Universität zu Salamanca. Diese stand damals in großer Blüthe und hohem Ansehen; Luis selbst nennt sie einmal „das Licht Spaniens und der Christenheit" [1]). Sie soll mehrere tausend Studenten gezählt haben; sicher hat Luis zu Zeiten vor zwei- bis dreihundert Zuhörern gelesen.

---

1) Doc. X, 259.

Die ordentlichen Professuren wurden damals in Salamanca immer nur auf vier Jahre verliehen, und zwar auf Grund eines öffentlichen Concurses; auch die Studenten hatten bei der Wahl der Professoren mitzuwirken. Bei seiner ersten Bewerbung, um die Professur der Exegese, unterlag Luis dem Magister Grajal, mit dem er später innig befreundet wurde. Aber bei der nächsten Bewerbung, um eine Professur der scholastischen oder systematischen Theologie, war er glücklicher, obschon er sieben Mitbewerber gehabt haben soll, darunter vier Professoren. Es gab in Salamanca drei ordentliche Professuren der scholastischen Theologie, die nach den drei großen Meistern, Thomas von Aquin, Duns Scotus und Durandus, benannt wurden. Es war die Professur des h. Thomas, welche Luis zunächst bekleidete; später erhielt er die Professur des Durandus.

Luis genoß nicht nur in seinem Orden, sondern auch an der Universität, bei Professoren und Studenten, großes Ansehen. Von Einigen wurde er freilich im Laufe der Zeit als neuerungssüchtig verdächtigt. Bei dieser Anklage ist aber nicht etwa an eine Hinneigung zu den religiösen Ansichten zu denken, welche von den Reformatoren des sechszehnten Jahrhunderts vertreten wurden. Diese hatten freilich auch in Spanien hie und da Eingang gefunden; aber ihre Verbreitung war durch das strenge Einschreiten der Inquisition gehemmt worden, und wenn dieselben auch in Salamanca in der Zeit, als Luis dort studirte und docirte, Vertreter gehabt haben sollten, so konnte er selbst später, ohne Widerspruch zu finden, sich darauf berufen, daß er nie im Auslande gewesen, nie mit Personen, deren Rechtgläubigkeit mit Grund bezweifelt worden, in Verbindung gestanden und auch keine verdächtige Schriften gelesen. Der Vorwurf der Neuerungssucht bezog sich lediglich darauf, daß Luis bei der wissenschaftlichen Behandlung der Theologie sich vielfach von der damals in Spanien noch herrschenden Methode entfernte. Er selbst sagt einmal, er kenne Manche, die Theologen hießen und in der Scholastik gut bewandert zu sein glaubten, und die nie in ihrem Leben die Bibel durchgelesen, nicht einmal eine Bibel unter ihren Büchern hätten[1]. Und wie mit der Bibel, so war es bei solchen Theologen vielfach auch mit der Kenntniß der Kirchenväter und der ältern theolo-

---

1) Doc. X, 370.

gischen Literatur überhaupt bestellt. Es gibt Theologen, sagt Luis, welche behaupten, sie hielten sich an die Kirchenväter und den h. Thomas und die großen neuern Meister Soto und Cano. Es wäre schon sehr viel, wenn sie diese wirklich kännten; aber damit ist's doch nicht genug, diese Bücher bestaubt im Zimmer stehen zu haben und alle Jahre einmal eine Stelle darin nachzuschlagen. Wenn sie diese Bücher wirklich studirt hätten, so würden sie wissen, daß vieles, was sie als Neuerung bezeichnen, sich schon bei den Kirchenvätern findet, wenn es auch nicht in den Scharteken steht, mit denen diese Theologen sich behelfen. Die Redensart: so lehren alle heiligen Väter, ist diesen Leuten sehr geläufig, wenn sie etwas bei einem einzigen Kirchenvater gefunden haben [1]).

Im Gegensatze zu dieser theologischen Richtung legte Luis, — wie das seitdem bei allen katholischen Theologen wenigstens grundsätzlich als richtig anerkannt worden ist, — auch bei dem Vortrage der systematischen Theologie Gewicht auf die wissenschaftliche Erforschung des Sinnes der h. Schrift und auf ein gründlicheres und umfassenderes und zugleich kritisches Eingehen auf die ältere theologische Literatur. Er war dazu besonders befähigt, weil er eine tüchtige classische Bildung besaß und im Stande war, auch die griechischen Kirchenväter und das Alte und Neue Testament in den Grundtexten zu lesen. Seine Leistungen auf dem Gebiete der Schriftauslegung fanden solche Anerkennung, daß er mehrfach gebeten wurde, auch exegetische Vorlesungen zu halten. Er las indeß bis zum J. 1572 nur über scholastische Theologie. Zu dieser gehörte freilich auch ein Tractat über die h. Schrift, und in den Vorlesungen darüber fand Luis Gelegenheit, sich über seine exegetischen Grundsätze auszusprechen, insbesondere auch über die Auctorität, welche der in der katholischen Kirche gebräuchlichen lateinischen Bibelübersetzung, der sog. Vulgata, beizulegen sei, und über das Verhältniß dieser Uebersetzung zu den hebräischen und griechischen Grundtexten der Bibel, — eine Frage, welche im sechszehnten Jahrhundert, nachdem das Studium dieser beiden Sprachen wieder aufgekommen und die Bibel in den Originaltexten gedruckt worden, vielfach und lebhaft erörtert wurde. Es verdient erwähnt zu werden, daß dem Vaterlande unseres Luis der Ruhm

---

1) Doc. X, 38. 323. 371. XI, 257.

gebührt, die ersten sogenannten Polyglottenbibeln producirt zu haben, d. h. Bibelausgaben, in welchen die Grundtexte mit der Vulgata und andern alten Uebersetzungen zusammen gedruckt waren. Schon 1517 war die von dem berühmten spanischen Cardinal Ximenez veranlaßte Polyglottenbibel zu Alcala vollendet worden, die den ältesten Druck des griechischen Neuen Testaments und den ältesten von christlichen Gelehrten besorgten Druck des hebräischen Alten Testaments enthält. Und während Luis zu Salamanca docirte, war sein Freund Benedict Arias Montano mit Unterstützung des spanischen Königs Philipp II. zu Antwerpen mit der Herausgabe eines noch größern derartigen Bibelwerkes in acht Foliobänden beschäftigt.

Seine Anschauungen über die richtigen Grundsätze für die Auslegung der Bibel auszusprechen und zu vertheidigen, fand Luis eine weitere Gelegenheit, als der theologischen Facultät zu Salamanca von der Inquisition der Auftrag gegeben wurde, eine bei Robert Stephanus zu Paris gedruckte lateinische Bibel-Ausgabe mit Anmerkungen des gelehrten Pariser Professors Vatablus zu prüfen, von allem für katholische Leser Anstößigen zu säubern und so neu heraus zu geben. In den zahlreichen wegen dieser Angelegenheit gehaltenen Facultätssitzungen kam es zu mannichfachen, mitunter mehr als lebhaften Discussionen, bei denen Luis eine hervorragende Rolle spielte und durchgängig mit seinen Ansichten durchdrang, zum großen Verdruß eines seiner ältern Collegen, des engherzigen und beschränkten Magister Leon de Castro.

Außer diesem wurde noch ein anderer Theologe sein Gegner, Bartholomäus de Medina. Dessen Feindschaft hatte aber einen andern Grund. Die Docenten zu Salamanca gehörten zum Theil religiösen Orden an, und bei der Besetzung der Lehrstellen legten die einzelnen Orden begreiflicher Weise großen Werth auf den Sieg der ihnen angehörenden Bewerber, nicht nur weil sich das der ganze Orden zur Ehre rechnete, sondern auch weil so die besondern theologischen Ansichten, wie deren fast jeder Orden vertrat, besser zur Geltung gebracht werden konnten. Mit Luis' Ordensgenossen, den Augustinern, rivalisirten aber damals zu Salamanca besonders die Hieronymiten und noch mehr die Dominicaner, und zu diesen gehörte eben der intriguante Medina, dem Luis auch einige Male persönlich entgegengetreten war.

Nehmen wir zu dem Gesagten hinzu, daß Luis auch in seinem Orden Aemter bekleidete und an den von Zeit zu Zeit stattfindenden Berathungen und Wahlen der Ordensprovinz ebenso regen Antheil nahm wie an den Angelegenheiten der Facultät und der Universität, und daß er auch in der Seelsorge nicht unthätig war: so sehen wir, daß wir uns denselben nicht als einen beschaulichen Klosterbruder und bloßen Stubengelehrten zu denken haben, sondern als einen Mann, der bei aller Strenge in der Erfüllung seiner Ordenspflichten und bei aller Liebe zu den Wissenschaften mit Lebhaftigkeit und Energie sich an den Fragen betheiligte, welche damals, freilich nicht die Welt, aber die akademischen Kreise in Salamanca und zum Theil die wissenschaftlichen und kirchlichen Kreise in Spanien bewegten.

Als Schriftsteller trat Luis erst in seinen spätern Lebensjahren an die Oeffentlichkeit; ja manche seiner Werke sind erst nach seinem Tode gedruckt worden, und einzelne sind noch jetzt nicht veröffentlicht. Auch bei diesen schriftstellerischen Arbeiten steht die h. Schrift im Mittelpunkte. Die lateinisch geschriebenen sind fast ausschließlich Commentare zu biblischen Büchern, und auch die spanisch geschriebenen schließen sich größtentheils an die Bibel an: es sind namentlich Ueber= setzungen und Auslegungen des Buches Job und des Hohen Liedes, ein umfangreiches erbauliches Werk über die in der Bibel vorkommen= den Namen Christi und eine Schrift unter dem Titel „Die voll= kommene Gattin," im Anschluß an das am Ende der Salomonischen Sprüche stehende schöne Gedicht über das starke oder tugendsame Weib.

Luis de Leon nimmt aber nicht bloß einen Platz in der Ge= schichte der theologischen Literatur ein und wegen seiner spanischen Schriften einen Platz unter den classischen Prosaikern seiner Nation, sondern auch eine hervorragende Stelle in der Geschichte der spani= schen Poesie. Außer Uebersetzungen und Nachbildungen von Gedichten des Virgil, Horaz, Pindar u. s. w., sowie von vielen Psalmen, dem Hohen Liede, dem Buche Job und andern dichterischen Stücken des Alten Testaments besitzen wir von ihm freilich nur einige vierzig Originalgedichte, fast ausschließlich lyrischen Charakters; aber alle Literarhistoriker zählen diese zu dem Besten, was die spanische Poesie aufzuweisen hat. So sagt, um nur Ein Urtheil anzuführen, Georg Ticknor in seiner Geschichte der schönen Literatur in Spanien [1]): „Die

1) I, 478.

Originalgedichte von Luis de Leon füllen nicht mehr als etwa 100 Seiten," — die im J. 1853 in Münster erschienene Ausgabe, welche die Gedichte spanisch und in deutscher Uebersetzung enthält, ist ein Duodezbändchen von 300 Seiten, — „es findet sich aber in ihnen kein Vers, der nicht Werth hätte, und man darf sie im Ganzen an die Spitze der spanischen lyrischen Gedichte stellen. Seine besten Gedichte sind fast sämmtlich Oden in den alten castilischen Versmaßen, von einer classischen Reinheit und sorgfältigen Vollendung, wie die spanische Dichtung sie vor ihm nicht kannte und seit ihm kaum wieder erreicht hat." Mehrere dieser Gedichte sind durch vortreffliche Uebersetzungen von Diepenbrock, Geibel und Andern auch in die deutsche Literatur verpflanzt worden.

Zu einer eingehenden Würdigung der dichterischen Leistungen Luis de Leon's bin ich nicht befähigt; eine weitere Besprechung seiner theologischen Arbeiten, die für mich die erste Veranlassung gewesen sind, mich mit ihm zu beschäftigen, würde hier nicht am Platze sein. So könnte es denn scheinen, als wäre ich in der Wahl des Thema's für meinen Vortrag nicht glücklich gewesen, wenn ich nicht annehmen dürfte, daß die Darstellung einer traurigen Episode in dem Leben des edlen, begabten und gelehrten Mannes geeignet sein möchte, für seine Persönlichkeit ein lebhafteres und herzlicheres Interesse zu erwecken, als seine Schriften für den Theologen und Dichter erwecken können. Ich meine seine fast fünf Jahre dauernde Haft in dem Gefängnisse der spanischen Inquisition.

Die Inquisition war bekanntlich eine gerichtliche Behörde zur Untersuchung und Bestrafung von Vergehen gegen den christlichen und katholischen Glauben. Was die damalige spanische Inquisition insbesondere betrifft, so hat einer der gelehrtesten jetzt lebenden katholischen Kirchenhistoriker, der Bischof Hefele von Rottenburg, in seiner Biographie des spanischen Cardinals Ximenes [1]) den Beweis geführt, daß dieselbe nicht eigentlich eine kirchliche, sondern wesentlich eine staatliche Institution, und ferner, daß sie nicht eine so grausame und schreckliche Institution gewesen sei, wie man vielfach behaupte. Die Richtigkeit dieser beiden Sätze zugegeben, darf jedoch bei dem ersten nicht verkannt werden, daß die spanische Inquisition, wie Ranke [2])

---

1) 2. Aufl., S. 265. 282. 322.
2) Fürsten u. Völker I, 242, bei Hefele S. 282.

sagt, allerdings ein königlicher, aber ein mit geistlichen Waffen aus=
gerüsteter Gerichtshof war, daß die Beamten derselben hauptsächlich
Geistliche waren und daß die kirchlichen Behörden der damaligen Zeit
diese Institution und ihr Verfahren mindestens geduldet und im
Princip gebilligt haben. Was aber den zweiten Satz betrifft, so will
ich das Urtheil über die Härte oder Milde der Inquisition der ver=
ehrten Versammlung selbst überlassen und mich meinerseits darauf
beschränken, ihr Verfahren gegen Luis de Leon ganz getreu und ob=
jectiv nach den Proceß=Acten darzustellen. Diese sind nämlich, aus
dem Archiv der Inquisition entnommen, im Jahre 1847 zu Madrid
in zwei Bänden vollständig gedruckt worden, und Ticknor [1]) sagt da=
von: „Sie sind, so viel mir bekannt, weitaus die wichtigste authen=
tische Schilderung der Behandlung, welche Gelehrte, die vor diesem
furchtbaren Gerichtshofe angeklagt waren, zu erdulden hatten, und
wahrscheinlich die merkwürdigste und bedeutendste Sammlung von
Acten eines Inquisitions=Processes, die sowohl handschriftlich als ge=
druckt überhaupt existirt.“

Daß angesehene Theologen und fromme, ja heiligmäßige Per=
sonen mit der Inquisition in Conflict kamen, war in Spanien im
sechszehnten Jahrhundert nichts Ungewöhnliches. Auch Luis de Leon's
Lehrer Melchior Cano und sein Freund Arias Montano wurden in
Untersuchung gezogen; der Erzbischof Bartholomäus Carranza war
Jahre lang in Haft; auch mehrere andere Prälaten, die an dem
Concil von Trient Theil genommen, wurden von der Inquisition
verfolgt; der berühmte Prediger, der Apostel von Andalusien, wie
man ihn nannte, Juan de Avila war längere Zeit im Gefängniß,
und der h. Johannes vom Kreuz und die h. Theresia waren nahe
daran, sein Loos zu theilen.

Im Jahre 1571, als Luis fast zwanzig Jahre docirt hatte und
zehn Jahre Professor an der Universität gewesen war, verbreitete sich in
Salamanca das Gerücht, er sei der Inquisition verdächtig geworden.
Er vermuthete, daß am ersten seine Ansichten über die lateinische
Bibelübersetzung, die Vulgata, Anstoß erregt haben könnten. Er legte
darum eine lateinische Abhandlung, worin diese Ansichten entwickelt
waren, einer Anzahl von angesehenen Theologen zur Begutachtung

---

1) Supplementband S. 77.

vor; die meisten derselben erklärten die Ansichten für richtig oder doch für unverfänglich. Die Situation wurde für Luis peinlicher, als zwei mit ihm befreundete Collegen, der Professor der Exegese und der Professor des Hebräischen, Grajal und Martinez, auf Befehl der Inquisition verhaftet wurden. Am 5. März 1572 entschloß er sich, einem in Salamanca anwesenden Inquisitor sich persönlich vorzustellen. Er wurde bedeutet, seine Erklärungen schriftlich einzureichen. Er that dieses am folgenden Tage. Bezüglich seiner Ansichten über die Vulgata, deren eben erwähnte Darstellung er mit einreichte, versicherte er, er halte dieselben für durchaus orthodox und dürfe sich auf die Zustimmung vieler Theologen berufen; er wolle aber in keinem Stücke von der Lehre der Kirche abweichen und sei bereit, alles zurückzunehmen oder zu verbessern, was man mit dieser nicht vereinbar finde. Weiterhin habe er noch zu bemerken, daß er vor zehn oder elf Jahren auf die Bitte einer religiösen Person — es war die Donna Isabel Osorio im Kloster Santa Cruz — eine Auslegung des Hohen Liedes in spanischer Sprache geschrieben habe. Das Manuscript habe ein Ordensbruder ohne sein Vorwissen von seiner Zelle mitgenommen und abgeschrieben, und so sei diese Arbeit in Abschrift in Vieler Hände gekommen. Veröffentlicht habe er dieselbe nicht, da er wisse, daß die Veröffentlichung von Uebersetzungen und Erklärungen der heiligen Schrift in der Volkssprache verboten sei. Er habe angefangen, das Werk für den Druck lateinisch auszuarbeiten, sei aber wegen seiner Kränklichkeit damit noch nicht fertig geworden. Habe er bei dieser Sache gefehlt, so thue es ihm leid und er wolle zur Wiedergutmachung seines Fehlers thuen, was man ihm auftrage. Er sei sich nicht bewußt, jemals etwas vorgetragen zu haben, was der Lehre der Kirche zuwider sei; sollte dies aber aus Unachtsamkeit oder Unwissenheit geschehen sein, so sei er bereit, dieses in der Weise zu widerrufen, wie die Inquisition für gut befinde.

Es war zu spät. Drei Wochen nachher, am 27. März wurde Luis durch einen Beamten der Inquisition verhaftet und in das Gefängniß derselben nach Valladolid abgeführt. Erst am 15. April wurde er zum ersten Male verhört. Nach der Praxis der Inquisition wurde ein Verhafteter nicht etwa gleich von dem Inhalte der Anklage in Kenntniß gesetzt, vielmehr wurde er gefragt, ob er wisse oder vermuthe, weshalb er verhaftet worden sei. Luis antwortete auf

diese Frage: er habe bereits eine Erklärung über zwei Punkte abgegeben, von denen er vermuthe, daß Einige daran Anstoß genommen;
es sei ihm seitdem noch mehr der Art eingefallen, was er aufzu-
zeichnen bereit sei. Es wurde ihm zu dem Zwecke Papier gegeben
und ihm, wie das bei der Inquisition üblich war, bemerkt: das heilige Officium lasse Niemand wegen anderer Anklagen verhaften als
wegen solcher, die sich auf den heiligen katholischen Glauben bezögen;
wenn er in dieser Hinsicht in Betreff seiner selbst und anderer Personen die volle Wahrheit sage, werde man Milde gegen ihn üben;
wo nicht, so werde durch den Fiscal die Anklage formulirt und nach
strengem Rechte verfahren werden.

In den nächsten Tagen zeichnete nun der Gefangene aus der
Erinnerung alles aus seinen Vorträgen und sonstigen Aeußerungen
auf, wovon er meinte, daß es Anstoß erregt haben könnte, mit Bei-
fügung der geeigneten Erläuterungen und Rechtfertigungen. Er schloß
auch dies Mal seine Bekenntnisse mit der feierlichen Versicherung, daß
er immer katholisch gelehrt zu haben glaube und alles widerrufe,
worin er geirrt haben sollte.

Das Bekenntniß genügte nicht. Am 5. Mai trug der Fiscal
den von ihm formulirten Anklage-Act vor. Merkwürdig ist, daß
im Eingange desselben der Angeklagte als Abkömmling von Juden
bezeichnet wird. Dieses galt bei der Inquisition als besonderer Ver-
dachtsgrund, und bei der Voruntersuchung waren über Luis' Vorfahren umfassende Erkundigungen eingezogen worden, bei denen sich
herausgestellt hatte, daß seine Urgroßmutter jüdischer Herkunft war
und daß man auch von der Familie Leon mitunter gesagt hatte, sie
stamme von Juden ab, was aber die Angehörigen der Familie be-
stritten.

Der Anklage-Act selbst lautete dahin, Luis habe viele ketzerische,
anstößige und übel klingende Sätze vorgetragen. Diese waren unter
neun Nummern aufgezählt; unter No. 10 behielt sich der Fiscal vor,
weitere Punkte nachzutragen. Zugleich erklärte er, er acceptire die
Geständnisse des Angeklagten, so weit sie die Anklage bestätigten; bezüglich der nicht eingestandenen Punkte möge der Angeklagte unter
Anwendung der Folter weiter verhört werden. Diesem letzten An-
trage, der, wie es scheint, mit zu dem Stile der Inquisition gehörte,
wurde keine Folge gegeben. Der Angeklagte erhielt nun, da der

Proceß förmlich eingeleitet war, einen Advocaten, und es wurde ihm Gelegenheit gegeben, sich über die Anklagepunkte mündlich und schriftlich auszusprechen. Am 10. Mai verordneten die Inquisitoren, welche die Untersuchung führten, der Fiscal und der Angeklagte sollten den Beweis antreten. Es verging nun aber das ganze Jahr 1572, ohne daß der Proceß wesentliche Fortschritte machte, und im December fing Luis an, über Verschleppung seiner Sache zu klagen. Erst am 3. März 1573 erfolgte der im Geschäftsgange der Inquisition vorgeschriebene nächste Act, die sog. Publication der Zeugen-Aussagen: es wurde dem Angeklagten ein Resumé der Aussagen der Belastungszeugen vorgelesen und eingehändigt, zunächst von sechszehn Zeugen, einen Monat später von drei weitern und endlich im November 1573 und im Januar 1574 nochmals von drei weitern. Luis antwortete darauf zuerst mündlich in mehrern Verhören, dann ausführlicher schriftlich. Zugleich machte er seine Schutzzeugen namhaft und verzeichnete die Fragen, welche diesen vorzulegen seien.

So verging ein zweites Jahr. Im März 1574, gerade zwei Jahre nach seiner Verhaftung, wurde dem Angeklagten eröffnet, in der von ihm selbst eingereichten Abhandlung über die Vulgata habe man siebenzehn anstößige Sätze gefunden und außerdem aus den Zeugen-Aussagen dreißig ihm zur Last gelegte Sätze ausgezogen; er solle sich darüber aussprechen. Er that dies wieder mündlich und schriftlich.

Die beiden Haupt-Anklagen betrafen die von Luis selbst vor dem Beginne des Processes namhaft gemachten Punkte, die Vulgata und was damit zusammenhängt und das Hohe Lied. Daneben wurde Anfangs eine Reihe von andern Punkten vorgebracht, im Verlaufe des Processes aber fallen gelassen, da sich bezüglich ihrer die Unschuld des Angeklagten zu deutlich herausstellte.

Das Beweis-Material für die Anklage lieferten einerseits Luis' Manuscripte, anderseits die Zeugen-Aussagen. Wie die letztern in den Proceß-Acten vorliegen, bestätigen sie den von Luis wiederholt ausgesprochenen Verdacht, daß seine vorhin genannten Collegen Medina und Castro die eigentlichen Urheber seines Unglücks seien. Ersterer hatte namentlich Studenten über das, was Luis und seine beiden Freunde vorgetragen, heimlich ausgefragt und auf Grund des so gesammelten Materials schon im Juli 1571 die drei benuncirt,

und in Folge dieser Denunciation hatte die Inquisition in den letzten
Monaten vor Luis' Verhaftung in aller Heimlichkeit eine Reihe von
Zeugen, Professoren, Studenten und Mönche, vernehmen lassen. Der
andere College, Castro, hatte namentlich über das, was in Facultäts=
sitzungen vorgekommen, gehässige und entstellende Berichte zu Pro=
tocoll gegeben. Alles, was auf Grund dieser und anderer Zeugen=
aussagen gegen Luis vorgebracht wurde, stellte sich im Verlaufe des
Processes als Mißverständniß oder Mißdeutung ganz unverfänglicher
Aeußerungen heraus. Insbesondere konnten sich die Richter der Ein=
sicht nicht verschließen, daß Luis Recht habe, wenn er sagte: falls
man auf die Berichte von Studenten hören wolle, könne man alle
Docenten der Theologie im ganzen Königreiche verdächtigen; er sei
bereit, einen Eid darauf abzulegen, daß keiner unter diesen sei, in
dessen Vorträgen man nicht, wenn man sich auf irgend einen un=
wissenden oder bornirten Studenten verlassen wollte, alle Irrthümer
nachweisen könnte, welche jemals ein Ketzer vorgetragen [1]).

Die Richter ließen also, wie gesagt, alle auf die Zeugenaus=
sagen gestützten Anklagepunkte vor und nach entweder ausdrücklich
oder stillschweigend fallen. Was die Uebersetzung und Erklärung des
Hohen Liedes betrifft, so konnte man auch darauf keine Anklage grün=
den. Die Beschuldigung, Luis habe die in der Kirche herrschende
Auffassung dieses alttestamentlichen Buches verlassen und dasselbe als
ein bloßes Liebesgedicht erklärt, mußte Jeder, der nur einen Blick
in die Arbeit gethan, als unwahr erkennen. Und wenn es damals
in Spanien strenge verboten war, Bibelübersetzungen in der Volks=
sprache herauszugeben, so hatte ja Luis seine Arbeit gar nicht ver=
öffentlicht, und wenn sie in vielen Abschriften verbreitet worden war,
— selbst in Südamerika hatte die Inquisition einige Abschriften auf=
gespürt, — so konnte ihm nicht nachgewiesen werden, daß er dazu
selbst mitgewirkt.

So wurde denn vom März 1574 an vorzugsweise über Luis'
Erörterung der Auctorität der Vulgata und einiger damit unmittel=
bar zusammenhangenden Punkte verhandelt. In diese für Theologen
sehr interessanten Verhandlungen näher einzugehen, ist hier nicht
der Ort. Ich muß Sie bitten, mir aufs Wort zu glauben, daß die

---

1) Doc. X, 358. 569. 573.

von Luis in dieser Beziehung vorgetragenen Sätze, weit entfernt, gefährliche Irrthümer zu sein, heutzutage von allen katholischen Theologen theils als unzweifelhaft richtig, theils als mindestens unverfänglich anerkannt werden. Da zudem Luis seine kirchliche Gesinnung und seine Bereitwilligkeit, alle etwaigen Irrthümer zu widerrufen, einmal über das andere Mal betheuert hatte, so hätten gerechte und wohlwollende Richter den Angeklagten auf Grund seiner gleich Anfangs gegebenen Erklärungen gar nicht gefänglich einziehen dürfen, jedenfalls aber auf Grund einer Untersuchung, die sich in ganz kurzer Zeit erledigen ließ, frei lassen müssen.

Beim Lesen der Acten kann man sich des Verdachtes nicht erwehren, daß es auf ein langes Hinziehen des Processes förmlich angelegt war, daß die Untersuchungsrichter oder vielleicht andere Personen, die hinter ihnen standen, geradezu die Absicht hatten, entweder den Angeklagten durch die Verhöre erst in Schuld zu verwickeln oder doch sein gutes Recht, die Freisprechung, ihm möglichst lange vorzuenthalten. Diese Verschleppung des Processes ist eine der schlimmsten Seiten des Verfahrens. Manches Andere, was uns als ungehörig erscheint, hing mit den von der Inquisition und theilweise von der damaligen Justiz überhaupt befolgten Normen zusammen. So wurden alle Zeugen heimlich vernommen und unter Androhung der größern Excommunication zum strengsten Schweigen über ihr Verhör verpflichtet. Dem Angeklagten wurden die Zeugen nicht nur nicht gegenüber gestellt, sondern nicht einmal namhaft gemacht; Luis errieth freilich die Namen der Hauptzeugen aus dem Inhalt ihrer Aussagen. Von den Fragen, welche der Angeklagte seinen Schutzeugen vorgelegt haben wollte, durften die Richter die ihnen ungehörig erscheinenden unterdrücken, und sie machten von diesem Rechte in diesem Proceß einen ausgedehnten Gebrauch. Von den Aussagen seiner Schutzeugen erfuhr der Angeklagte und, wie es scheint, auch sein Advocat nichts; man sagte ihm nicht einmal, welche derselben wirklich vernommen worden waren. Mit seinem Advocaten und später auch mit dem ihm bestellten theologischen Beirath durfte Luis nur in Gegenwart der Untersuchungsrichter verhandeln.

In andern Beziehungen wurde ihm die Vertheidigung nicht erschwert. Er äußert sich vielfach über seine Ankläger und die Zeugen sehr freimüthig, ja scharf, ohne daß ihm dieses verwiesen wird. Er

schreibt umfangreiche Aufsätze zur Erläuterung und Vertheidigung
der ihm zur Last gelegten Sätze. Er muß sich freilich jedesmal eine
bestimmte Anzahl Bogen Papier dazu erbitten, und jeder Bogen wird
von einem Inquisitor oder von dem Secretär mit seiner Chiffre bezeichnet; aber er erhält doch jedesmal ohne Schwierigkeit so viel Papier,
wie er verlangt. Auch die Hefte und Bücher aus seiner Bibliothek,
die er zu benutzen wünscht, werden herbeigeschafft, freilich einige Male
erst nach längerm Hinhalten. Einen sehr ausgedehnten Gebrauch
macht Luis von dem ihm nach den Normen der Inquisition zustehenden Rechte, solche Personen, die er als persönliche Feinde ansehe,
als Zeugen, Richter und Begutachter zu recusiren; er recusirt z. B.
alle Dominicaner und Hieronymiten und die Theologen von Alcala,
weil zwischen der dortigen Facultät und der zu Salamanca kein gutes
Einvernehmen herrsche, außerdem viele einzelne Personen. Die Entscheidung über die Einrede stand dann freilich den Richtern zu, und
diese haben dieselbe nicht immer beachtet.

Was die Behandlung des Angeklagten betrifft, so dürfen wir
uns freilich sein Gefängniß nicht, wie man wohl gethan, als finstern
Kerker denken. Luis hat während seiner Haft nicht nur seine Vertheidigungsschriften ausgearbeitet, welche zum Theil umfangreiche
und gelehrte Abhandlungen sind; er hat sich auch sonst mit Studien
und schriftstellerischen Arbeiten beschäftigt. Unter den Büchern, die
er verlangt und erhält, befinden sich außer theologischen Werken, auch
Homer, Virgil, Horaz, Sophokles, Pindar und Aristoteles. Mehrere
seiner Gedichte sind in dieser Zeit entstanden, desgleichen eine ausführliche lateinische Erklärung des 26. Psalms; auch sein größeres
spanisches Werk über die Namen Christi hat er damals begonnen.

Erst im Jahre 1575 klagt Luis einmal, er leide oft am Fieber
und der Bursche, der ihn zu bedienen habe, verpflege ihn schlecht
und lasse ihn mitunter sogar Hunger leiden; man möge ihm doch
einen Ordensbruder zur Bedienung geben. Diese Bitte wird nach
einigen Wochen, nachdem man bei dem obersten Inquisitionsrathe in
Madrid angefragt, bewilligt; der Bruder muß sich nur verpflichten,
bis zum Ende des Processes bei Luis zu bleiben[1]).
Denken wir uns aber auch die Haft so milde wie möglich, es

---

1) XI, 188. 194.

war jedenfalls ein hartes Loos, wenn ein Mann, der für die Schön=
heiten der Natur so viel Sinn hatte, wie Luis' Gedichte und son=
stige Schriften bekunden, fast fünf Jahre keinen Fuß aus dem Ge=
bäude der Inquisition setzen durfte, und wenn er, der an den Um=
gang mit geliebten Freunden, an den wissenschaftlichen Verkehr mit
den Angehörigen der Universität und an ein thätiges akademisches
und geistliches Wirken gewöhnt war, diese lange Zeit hindurch Nie=
mand sah und sprach als die Beamten der Inquisition und seine
Aufmerksamkeit vorzugsweise seinem peinlichen Processe zuzuwenden
hatte.

Härter aber, als alles dieses und als die für seine schwächliche
Constitution nicht geringen körperlichen Unbequemlichkeiten, war dem
frommen Priester und Ordensmann etwas Anderes. Im März
1575 überreichte er den Richtern eine Bittschrift, worin er sagt:
„Ich bin nun drei Jahre im Gefängniß, und diese ganze Zeit hin=
durch hat man mir die Sacramente vorenthalten, zum Schaden meiner
Seele und wider alles Recht. Man möge mir doch gestatten, bei
einem von den Richtern zu bestimmenden Priester zu beichten und etwa
alle vierzehn Tage einmal in dem Gerichtssaale die Messe zu lesen" [1]).
Diese Bitte wurde, wie es scheint, nicht bewilligt, noch weniger die
andere, die er im November 1575 vortrug: es möge ihm gegen
Bürgschaft gestattet werden, bis zum Ende des Processes in einem
Kloster zu wohnen, damit er, wenn der Herr ihn in dieser Zeit ab=
rufen sollte, was er bei seiner Kränklichkeit fürchten müsse, als Christ
sterben könne, von Ordensbrüdern umgeben, durch ihre Gebete unter=
stützt und durch die Sacramente gestärkt, und nicht wie ein Ungläu=
biger im Gefängniß und mit einem Mohren neben dem Kopfkissen
stehend [2]).

Mehr noch als durch diese Bitten und zahlreiche andere Er=
klärungen wird die Anklage auf eine unkirchliche Gesinnung in ihrer
wahnwitzigen Nichtigkeit erwiesen durch ein Blatt, welches sich, von
Luis eigenhändig geschrieben, ohne Datum unter den Processacten
findet [3]). Es beginnt: „Da ich nicht weiß, was Gott über mich ver=

---

1) Doc. XI, 50. 147.
2) Doc. XI, 197.
3) Doc. X, 177.

fügen, noch wann und wie er mich abberufen wird, so habe ich zur Beruhigung meines Gewissens folgendes aufschreiben wollen." Und nun betheuert er vor der Majestät Gottes und seines Heilandes, des Herrn aller Dinge und des Richters der Lebendigen und der Todten, und in Gegenwart seiner heiligen Engel, daß er im Glauben seiner heiligen Mutter, der katholischen Kirche, leben und sterben wolle; daß er für das Bekenntniß und die Vertheidigung ihrer Lehre sein Leben hinzugeben bereit sei; daß er alle seine Sünden von Herzen bereue, daß er auf die Huld des Erlösers sein Vertrauen setze und daß in diesem allein sein Herz Ruhe finde.

Auch manche von Luis' Vertheidigungsschriften kann man nicht ohne Bewunderung und Rührung lesen: die theologischen Fragen werden mit großer Klarheit, Gelehrsamkeit und Schärfe erörtert, die Anklagepunkte mit überzeugender Aufrichtigkeit und Bestimmtheit widerlegt. Dazwischen finden sich Stellen von erschütternder Bered= samkeit, da wo er von seiner Unschuld und von seinem gewissenhaften Eifer für die Förderung der theologischen Wissenschaft redet oder die Beschränktheit und Böswilligkeit seiner Gegner geißelt oder über die Verschleppung seines Processes klagt und an das Gewissen seiner Richter appellirt. Wie oft mag in diesen Jahren die Versuchung zur Bitterkeit, Niedergeschlagenheit und Verzweiflung an ihn herangetreten sein! Und doch sagt er in einer spätern Schrift: „In jener nach dem gewöhnlichen Urtheil unglücklichen und elenden Zeit habe ich durch Gottes Gnade eine Ruhe und Heiterkeit des Gemüthes genossen, wie ich sie oftmals in geringerm Grade empfunden, seit ich der Frei= heit und dem Verkehr mit meinen Freunden zurückgegeben bin."

Indeß ich muß hier abbrechen, um noch kurz über den letzten Abschnitt des Processes zu berichten. Ende März 1574 wurden Luis, wie ich erwähnte, siebenzehn Sätze aus seinem Manuscripte und dreißig Sätze aus den Zeugenaussagen vorgelegt, worüber er sich mündlich und schriftlich verantwortete. Nach dem Reglement der Inquisition mußte ihm, da es sich um theologische Fragen handelte, ein gelehrter Theologe als sog. Patron beigegeben werden, der den Angeklagten bei seiner Verantwortung mit seinem Rathe zu unter= stützen und nöthigenfalls über Irrthümer zu belehren hatte. Luis schlug für dieses Amt vier gelehrte Bischöfe vor; darauf wurde nicht eingegangen. Dann verlangte er den Professor Perez; darüber wurde nach Madrid geschrieben und von dort geantwortet, über diesen müsse man erst an verschiedenen Orten Erkundigungen einziehen und das würde zu lange aufhalten. Nach vielem Hin- und Her-Verhandeln entschloß sich Luis endlich in der Verzweiflung, wie er selbst sagt, den Professor Mancio, einen seiner frühern Lehrer, aber einen Dominicaner, als Patron zu acceptiren. Derselbe wurde im October 1574 vereidet, gab, ohne sich mit Luis zu benehmen, ein nicht ganz günstiges Gutachten ab und ging dann, mit der Erklärung, er müsse seine Vorlesungen anfangen, nach Salamanca zurück. Er kam in den Weihnachtsferien einige Tage wieder; Luis hatte aber auch jetzt keine Besprechung mit ihm. Er protestirte gegen dieses Verfahren; aber der Winter ging vorüber, und erst Ende März 1575 erschien Mancio wieder in Valladolid. Er trat nun allerdings entschieden für seinen Clienten ein, und im Mai beantragte dessen Advocat förmlich Freisprechung. Aber davon war noch keine Rede.

Da es sich um theologische Sätze handelte, mußten dieselben einigen Theologen der Inquisition zur Qualification vorgelegt werden, d. h. zu einer gutachtlichen Aeußerung darüber, ob und in welchem Grade dieselben irrig seien. Dieses Geschäft wurde dadurch noch complicirter, daß einer dieser Gelehrten in einer Vertheidigungsschrift von Luis aus dem März 1575 fünf neue bedenkliche Sätze gefunden, die nun auch wieder qualificirt und dem Angeklagten zur Verantwortung vorgelegt werden mußten. Die Gelehrten der Inquisition wurden erst im December 1575 mit ihren Gutachten fertig, welche neben die Vertheidigungsschriften von Luis gehalten einen wahrhaft kläglichen Eindruck machen.

Endlich im Mai 1576 kommt wieder Fortgang in die Sache. In einer Reihe von Sitzungen vom 21. Mai bis zum 22. Juni geben fünf Theologen der Inquisition ihr Gutachten darüber ab, ob durch die von dem Angeklagten gegebenen Erklärungen alle Bedenken bezüglich der ihm zur Last gelegten Sätze erledigt seien. Dann tritt wieder eine Pause ein, wahrscheinlich weil jetzt die Richter die Acten studirten. Am 25. September wird Luis noch einmal vorgefordert, um über einen einzelnen Ausdruck, den er gebraucht hatte, eine Erklärung abzugeben. Endlich am 28. September 1576 findet die Sitzung statt, in welcher die Richter abstimmen.

Es waren drei Inquisitoren, drei Beisitzer und ein Vertreter des Bischofs von Salamanca zugegen. Einer dieser sieben behielt sich vor, sein Votum schriftlich abzugeben; es findet sich nicht bei den Acten. Zwei stimmten dafür, es solle dem Angeklagten ein Verweis ertheilt und aufgegeben werden, in einer Versammlung der Universitäts-Angehörigen die anstößigen Säße zu widerrufen; ferner zu dociren, solle ihm untersagt, die spanische Schrift über das Hohe Lied verboten werden. Die vier Andern stimmten dafür, der Angeklagte solle zunächst, um ihn zum vollen Geständniß zu bringen, gefoltert werden, jedoch in Anbetracht seines schwachen Körpers nur mäßig; dann wolle man weiter sehen.

Da ein Provincial-Gericht kein definitives Urtheil fällen konnte, gingen die Acten an das oberste Inquisitions-Tribunal nach Madrid. Ueber die dortigen Verhandlungen liegen keine Aufzeichnungen vor. Ebensowenig läßt sich bestimmen, welche Einflüsse sich dort zu Gunsten des Angeklagten geltend gemacht haben mögen. Das am 7. December zu Madrid gefällte Urtheil lautet aber ganz anders als das der Inquisition zu Valladolid: Fray Luis de Leon sei von der Instanz frei zu sprechen, indeß zu ermahnen, in Zukunft wohl zu bedenken, wie und wo er über so heikle Gegenstände, wie die im Proceß verhandelten, spreche; er habe sich dabei fortan großer Mäßigung und Vorsicht zu befleißigen, um alles Aergerniß und allen Anlaß zu Irrthümern fernzuhalten; die spanische Schrift über das Hohe Lied bleibe confiscirt,

Am 15. December 1576 wurde Luis dieses Urtheil verkündigt und ihm nur noch, wie es üblich war, bemerkt, er habe bei Strafe der größern Excommunication über den ganzen Proceß unverbrüchliches Stillschweigen zu beobachten und sich vor jeder Anfeindung derjenigen zu hüten, von denen er vermuthe, daß sie gegen ihn Zeugniß abgelegt.

So wurde denn Luis de Leon der Freiheit, seinem Kloster und der Universität zurückgegeben, nachdem er vier Jahre und fast neun Monate in Haft gewesen war. Das Urtheil lautete formell nur auf Freisprechung von der Instanz. Es scheint fast, als habe man sich zu einer vollständigen und einfachen Freisprechung nicht entschließen können, um nicht ausdrücklich einzugestehen, daß man einem Unschuldigen so lange sein Recht vorenthalten habe. Thatsächlich wurde aber das Urtheil als volle Freisprechung behandelt, und es blieb an Luis auch in der Meinung seiner Zeitgenossen keine Makel haften.

Der akademischen Lehrthätigkeit wurde er sofort zurückgegeben, und zwar erhielt er eine Professur, die das erste Ziel seines jugendlichen Ehrgeizes gewesen und für die er besser als für irgend eine andere und besser als irgend ein anderer Theologe in Salamanca befähigt war, eine Professur der Exegese.

An den Wiederbeginn seiner Lehrthätigkeit knüpft sich eine Anekdote, deren geschichtliche Begründung ich nicht verbürgen kann, die aber, wenn sie nicht wahr sein sollte, sehr gut erfunden ist. Als Luis zum ersten Male wieder auf den Katheder trat, war der Hörsaal überfüllt, und gewiß waren Manche mit der Erwartung gekommen, er werde mit einer brillanten Einleitung beginnen und es dabei vielleicht an pikanten Anspielungen auf die Leiden der letzten Jahre und ihre Urheber nicht fehlen lassen. Zur großen Verwunderung, aber gewiß auch zur großen Erbauung seiner Zuhörer begann Luis diese Vorlesung, wie er früher hunderte begonnen haben mochte: „Heri dicebamus — in meinem gestrigen Vortrage habe ich gesagt." Die zwischen der letzten und der jetzigen Vorlesung liegende Zeit wurde gar nicht mit in Rechnung gebracht.

Ueber Luis de Leon's späteres Leben ist wenig mehr zu sagen. Er blieb Professor zu Salamanca bis zu seinem Tode. Ende 1577 erhielt er von seinem Ordensprovincial ein Schreiben des Inhalts: „Da wir wissen, daß du mehreres zur Auslegung der h. Schrift und zu theologischen Fragen Gehörige geschrieben, dessen Veröffentlichung zum allgemeinen Nutzen gereichen kann, so gebieten wir dir kraft des heiligen Gehorsams, zuerst deine Auslegung des Hohen Liedes, dann deine übrigen Schriften drucken zu lassen." So gab denn Luis von 1580 an mehrere der früher erwähnten Werke heraus, — zum Hohen Liede natürlich einen lateinischen Commentar; der spanische ist erst 1798 gedruckt worden. Außerdem besorgte er eine Ausgabe der Werke der heiligen Theresia; die Biographie dieser merkwürdigen Frau, die er auf den Wunsch der Kaiserin Maria, der Schwester König Philipp's II., zu schreiben übernommen, wurde nicht vollendet. Auch mit Ordensangelegenheiten war er viel beschäftigt. Im Sommer 1591 wohnte er einem Capitel seines Ordens zu Madrigal bei. Er wurde dort zum Provincial gewählt; aber wenige Tage darauf starb er, 64 Jahre alt, am 23. August 1591. Die Leiche wurde nach Salamanca gebracht und in der

Kirche des Klosters, dem er fast ein halbes Jahrhundert angehört hatte, beigesetzt. Das Grab zierte eine schöne Inschrift, „nicht, wie es darin heißt, zu seinem Andenken, welches durch seine Schriften unsterblich ist, sondern zum Troste der Ueberlebenden bei einem so großen Verluste.“

Der Bischof Hefele hebt mit Recht hervor: wenn man die spanische Inquisition nicht unbillig beurtheilen wolle, müsse man nach den Grundsätzen des fünfzehnten und sechszehnten, nicht nach denen des neunzehnten Jahrhunderts urtheilen; damals habe die Anwendung von Zwang in Glaubenssachen überall als zulässig gegolten und sei das Strafrecht überhaupt viel härter gewesen als jetzt. Wenn man aber vielfach über den Verfall der Religion und Sittlichkeit in unserm Jahrhundert klagt, so dürfen wir wohl mit Befriedigung constatiren, daß in diesem Punkte denn doch jetzt Grundsätze zur allgemeinen Anerkennung gelangt sind, welche der wahren Religiösität und Sittlichkeit besser entsprechen als diejenigen, aus denen das Institut der Inquisition erwachsen ist und nach denen es im sechszehnten Jahrhundert nicht als verwerflich angesehen wurde. Was Luis de Leon erduldet hat, — in wenigen Wochen werden es gerade dreihundert Jahre, daß seine Haft begann, — das hat denn doch heutzutage kein Gelehrter mehr von kirchlicher oder staatlicher Justiz zu befürchten.

Es ist ein dunkler Hintergrund, auf welchem ich Ihnen das Bild des spanischen Dichters und Theologen habe zeichnen müssen. Ich hoffe, es ist mir gelungen, dasselbe richtig und anschaulich zu entwerfen. Und wenn einer meiner Vorredner, mein verehrter College Troschel, mit Recht auf unsern Dank Anspruch machen durfte, nachdem er uns über zwei naturwissenschaftliche Begriffe Klarheit verschafft hatte[1]), so darf ich wohl hoffen, daß Sie auch diese Stunde, in welcher Sie mich mit Ihrer nachsichtigen Aufmerksamkeit beehrt haben, nicht zu den verlorenen Stunden zählen werden, wenn Sie darin eine geschichtliche Persönlichkeit kennen gelernt oder genauer als bisher kennen gelernt haben, die wir als Dichter, Gelehrten und Dulder zu den edlen und liebenswürdigen Erscheinungen ihres Jahrhunderts und ihrer Nation zählen dürfen.

---

1) Prof. Troschel hatte über Metamorphose und Generationswechsel gesprochen.

Geſchichtliche und literarhiſtoriſche Unterſuchungen über Luis de Leon und ſeine Zeit.

I. Literatur.

Die Hauptquellen für die vorſtehende Darſtellung und die nach-
folgenden Erörterungen ſind die Schriften von Luis de Leon (ſ. No. II)
und die Proceßacten (ſ. o. S. 7): Proceso original que la Inquisicion
de Valladolid hizo al Maestro Fr. Luis de Leon, die in der Coleccion de documentos inéditos para la historia de España, por
D. Miguel Salvá y D. Pedro Sainz de Baranda, individuos de
la Academia de la historia den ganzen X. Band und Band XI. S. 1—
358 füllen (Madrid 1847). Die Acten ſind nicht ganz vollſtändig:
einige Stücke ſcheinen verloren gegangen zu ſein (XI, 18), und einige
vorhandene ſind nicht abgedruckt (XI, 118. 131). Außerdem ſind ſie
nicht immer gut, d. i. chronologiſch geordnet.

In dem 37. Bande der Biblioteca de autores españoles (ſ. u. S. 31
ſind S. XVII—CXVIII Auszüge aus den Proceß-Acten, vorzugsweiſe
die von Luis verfaßten Eingaben, abgedruckt. Dieſe Auszüge genügen
nicht, um ſich ein richtiges Bild von dem Proceſſe zu machen (es ſind
nicht einmal die Urtheile mit abgedruckt); die von dem Herausgeber beigefügten Bemerkungen ſind zum Theil unrichtig. In demſelben Bande
ſteht S. 1—XVI Vida y juicio crítico del Maestro Fray Luis de
Leon, escritos por *Don Gregorio Mayans y Siscar*, die (nach
Bouterwek III, 239) zuerſt mit den Obras proprias y traduciones,
Valencia 1762, veröffentlicht iſt. Die von dem Herausgeber der Biblioteca beigefügten Noten ſind unbedeutend und voll unrichtiger Angaben.

Die Vida de Fray Luis de Leon por *D. José Gonzalez de
Tejada*, Madrid 1863 (88 S. 8), iſt nicht bedeutend, enthält aber
viele wichtige Actenſtücke und Notizen und ein reichhaltiges Verzeichniß
von Ausgaben und Manuſcripten der Werke Luis de Leon's.

Nicht zugänglich waren mir die von Mayans u. A. citirte Hi-

storia del convento de San Agustin de Salamanca von Tomas de
Herrera, welche Cap. 57, S. 392 ff. eine kurze Biographie von Luis enthält, die Vida de Luis de Leon von Villanueva, London 1825
(citirt bei Ticknor I, 474), und mehrere von Tejaba citirte Arbeiten[1]).
Kurze Notizen über Luis, meist aus Mayans geschöpft, enthalten
die Werke: *P. Mendibil y M. Silvala*, Biblioteca selecta de litera-
tura española, o modelos de elocuencia y poesia, Bordeaux 1819,
t. I, p. CX, t. II, p. 459—461, t. III, p. LVII (enthält in den
beiden ersten Bänden auch Auszüge aus den prosaischen Schriften, im
dritten Gedichte von Luis, und II, 100 eine Vergleichung zwischen Luis
de Granada und Luis de Leon von Capmany), — *Eugenio de Ochoa*,
Tesoro de los prosadores españoles, Paris 1841, S. 399—407
(S. 407—430 Auszüge aus Luis' prosaischen Schriften).

Nur wenig von Bedeutung enthalten die lexicalischen Werke von
Nic. Antonio (Bibliotheca Hispana nova, Madrid 1783, II, 46),
J. F. Ossinger (Bibliotheca Augustiniana, Ingolstadt 1768,
S. 503), und P. Bayle (Dictionnaire, Basel 1741, III, 87). Aus
Nic. Antonio sind die oberflächlichen Notizen bei *H. Hurter*, Nomen-
clator literarius recentioris theologiae cath., Innsbruck 1871, I, 158
geschöpft. Herzog's Real-Encyclopädie hat VIII, 523 einen kurzen
Artikel über Luis von J. P. Lange; das Freiburger Kirchenlexikon
VI, 635 einige sehr dürftige Notizen von Schröbl. Noch dürftiger
sind die Notizen bei Dupin, Feller, Jöcher-Rotermund, Höfer (Nouvelle
biographie générale, Paris 1862, Bd. 30, S. 734) 2c.

Die einzige in Deutschland erschienene Monographie über Luis de
Leon: Fray Luis de Leon. Eine Biographie aus der Geschichte der
spanischen Inquisition und Kirche im 16. Jahrhundert von Dr. C. A.
Wilkens, Pfarrer an der reformirten Kirche in Wien. Halle 1866,
hat sehr große Mängel; s. Theol. Literaturblatt 1867, 478. Kürzere
Erörterungen über Luis' Leben und Schriften finden sich bei F. Bouterwek, Geschichte der Poesie und Beredsamkeit, 3. Band, Göttingen 1804,

---

1) Artikel über Luis im Semanario pintoresco von 1844 (von dem
Maler Francisco Pacheco) und 1854 (von D. Fermin Hernandez Iglesias), —
Fray Luis de Leon, sa vie et ses poésies von D. J. M. de Guardia in
dem Magasin du libraire, 41. livr., Paris 1860, — Proceso del P. M.
Fray Luis de Leon, Doctor teólogo del claustro y gremio de la Uni-
versidad de Salamanca. Ensayo histórico por el Lic. *D. Alejandro
Arango y Escandon*, del ilustro y nacional colegio de abogados de
Mejico, Mejico 1856.

S. 239—253, in Schlüter's Ausgabe der Gedichte (s. u. S. 31) und vor der deutschen Uebersetzung der „vollkommenen Gattin" (s. u. S. 28).

Die hier verzeichneten kürzern Erörterungen werden weit übertroffen durch die Darstellung bei Georg Ticknor, Geschichte der schönen Literatur in Spanien, deutsch mit Zusätzen herausgegeben von N. H. Julius. Neue Ausgabe. Leipzig 1867, Erster Band S. 469—480, und Supplementband, bearbeitet von Adolf Wolf, Leipzig 1867, S. 77. 78 [1]). Ticknor ist neben Tejada und Wilkens der einzige, welcher die Processacten benutzt hat. Unrichtige Angaben finden sich übrigens auch bei ihm.

Der Aufsatz von C. F. Aubley, Un moine espagnol du seizième siècle, im Correspondant t. 74 (Paris 1868), p. 308—350 hat das Buch von Wilkens zur Grundlage, ist übrigens reich an Unrichtigkeiten und Ungenauigkeiten. Bei der im allgemeinen apologetischen Tendenz der Darstellung ist das Geständniß S. 333 bemerkenswerth: Certes, M. Döllinger a mille fois raison, quand il accuse l'inquisition d'avoir tué la vraie science en Espagne.

Llorente (Histoire critique de l'Inquisition d'Espagne. 2. Edition. Paris 1818) hat über Luis nur dürftige und oberflächliche Bemerkungen (t. II, p. 453), ist aber für das Verständniß der Processacten von Nutzen (s. No. IX). Neben ihm habe ich natürlich Hefele's Cardinal Ximenez, 2. Aufl., Tübingen 1851, und H. Laugwitz, Bartholomäus Carranza, Erzbischof von Toledo (geb. 1503, gest. 1576), Kempten 1870, benutzt.

II. Luis de Leon's Schriften.

A. Lateinische Werke.

1. F. Luysii Legionensis Augustiniani, divinorum librorum primi apud Salmanticenses interpretis, in Cantica Canticorum Salomonis Explanatio ad Serenissimum Principem Albertum, Austriae Archiducem, S. R. E. Cardinalem. Salmanticae, excudebat Lucas a Juuta MDLXXX. 4; s. No. VI.

---

1) Im Original, History of Spanish Literature by *George Ticknor*. In three volumes. Third american edition, corrected and enlarged, Boston 1864, steht der Abschnitt über Luis II, 75—89. Die deutsche Uebersetzung ist nicht immer genau.

2. F. Luysii Legionensis . . . in Psalmum vigesimum sextum Explanatio. Salmanticae, exc. L. a Junta MDLXXX. 4. [1]). Dieſe Erklärung des 26. Pſalms hat Luis in der Gefangenſchaft, und zwar im zehnten Monate derſelben [2]), alſo Anfangs 1573, verfaßt. Als er ſie 1580 drucken ließ, widmete er ſie dem General-Inquiſitor, Carb. Quiroga; ſ. u. No. IX, 21. Nach einer kurzen Einleitung über den Verfaſſer und die Veranlaſſung des Pſalms (Luis hält David für den Verfaſſer) ſagt er, der Pſalmiſt rede zwar zunächſt von ſich, ſeine Worte paßten aber auch auf den leidenden Heiland und auf jeden gottvertrauenden Leidenden. Unter dieſem dreifachen Geſichtspunkte werden dann die einzelnen Verſe des Pſalms erklärt. In der Einleitung hebt Luis hervor, wie gut die Worte des Pſalms auch zu ſeiner eigenen Lage paßten [3]). In der Erklärung tritt dieſer Geſichtspunkt nicht hervor.

---

1) So werden die Titel der erſten Ausgabe der beiden Werke von Tejada S. 75 angegeben. Er erwähnt dann von der Erklärung des H. L. eine Secunda editio ab ipso auctore recognita et purior a mendis quam prima, Salmanticae. exc. L. a Junta a. 1582 in Quart und daneben eine ebendaſelbſt erſchienene Ausgabe in Octav, (dieſen Ausgaben ſind zwei lateiniſche Gedichte vorgedruckt von Luis' Freunden Juan Grial [Canonicus von Colahorra, Nic. Antonio I, 707] und Felipe Ruiz), ferner von der Erklärung des 26. Pſalms eine 1589 bei Junta gedruckte Ausgabe. Beide Werke wurden 1589 zu Salamanca bei W. Foquel wieder abgedruckt (ſ. No. 3). Dieſe ſpaniſchen Ausgaben der beiden Schriften war mir nicht zugänglich. Dagegen habe ich den auf der Münchener Staatsbibliothek (Exeg. 605) befindlichen, aus dem Collegium S. J. Monachii herrührenden Abdruck benutzen können: Expositio in Cantica Canticorum Salomonis. Auctore F. Aloysio Legionensi August. Divinorum librorum Primo apud Salmanticenses interprete. Ejusdemque Explanatio in Psalmum vigesimum sextum Dauidicum. Cum licentia et privilegio. Venetiis MDCIIII. Apud Joannem Guerilium. 8 Bl. 384 S. u. 8. Vor S. 323 ſteht das Titelblatt: F. Luysii Legionensis . . . . in Psalmum vig. sextum Explanatio. Venetiis, apud J. Guerilium MDCIIII. Von den andern lateiniſchen Schriften war mir keine zugänglich.

2) S. 381: Decimus jam mensis agitur, ex quo inimici mei de me triumphum agere coeperunt etc.

3) S. 329: Quae res nobis in causa fuit, ut hunc praecipue psalmum interpretari vellemus, quod ejus pleraque omnia hoc meo tempore apte a me et vere usurpari posse viderem. Ab inimicis enim meis, quos non iniuria aliqua ipsis a me illata offendit et laesit, insidiosissime circumventus et calumniis oppressus, non solum pristinae meae vitae bonis atque ornamentis careo, sed etiam hoc communi spiritu atque libere [aere?] excludor. Quo in malo hoc uno solatio me consolor, quo ex sacrarum literarum lectione et meditatione divinae

Zum Schlusse spricht er aber wieder von seiner persönlichen Lage (S. 381): die gegen ihn erhobenen Beschuldigungen seien falsch; er erkenne aber in dem von Gott zugelassenen Leiden eine Strafe für seine Sünden und ein Mittel zu seiner Läuterung. Luis schließt dann mit einem sehr schönen Gebete um Befreiung.

3. F. Luysii Legionensis Augustiniani, Theologiae Doctoris et divinorum librorum primi apud Salmanticensis interpretis, Explanationum in eosdem [tomus primus]. Salmanticae apud Guillelmum Foquel 1589 (Tejada S. 77. Biblioteca p. VIII). Dieser Band (921 S. 4) enthält außer den Erklärungen des H. L. und des Ps. 26 in Abdiam prophetam Explanatio (Don Pedro Portocarrero, damals Bischof von Calahorra, gewidmet), und in Epistolam Pauli ad Galatas Explanatio.

4. De utriusque agni typici atque veri immolationis legitimo tempore, Salmanticae apud Guillelmum Foquel 1590. 4.[1]). Luis vertheidigt in dieser Schrift (nach Ossinger S. 504) die Ansicht: in prima vespera, h. e. initio diei 14. agnum typicum a Iudaeis immolatum fuisse, eo ipso tempore a Christo fuisse occisum Christumque adeo ipsum, qui verus est agnus, intra eiusdem 14. diei spatium a Iudaeis in crucem actum se immolasse Patri. Dieselbe Ansicht

---

bonitatis afficior. Nam cum aliquid benigne et misericorditer a Deo factum aut cum innocentem aliquem de inimicorum manibus liberatum in eis literis lego, aut cum Dei providentiam atque bonitatem Davidem ita pleno ore praedicantem in his carminibus audio suasque in Deo omnes spes collocantem ipsum conspicio, divinae mihi bonitatis atque providentiae in animo tantum elucet lumen tantaque· excitatur atque existit in me bona spes, ut minime dubitem, quin nostris ille rebus, i. e. veritati, cuius nunquam deserit patrocinium, subventurus aliquando tandem sit et magnum atque praesens auxilium allaturus, qua spe fretus omnes huius mei casus molestias facile et aequo animo perfero, nonnunquamque et ipso cum Davide dico: *Qui tribulant me, inimici mei, ipsi infirmabuntur et cadent,* illudque saepius, quod in hoc ipso carmine scribitur: *Insurrexerunt in me testes iniqui et mentita est iniquitas sibi,* mecque rursus illis verbis confirmo: *Quoniam pater meus et mater mea dereliquerunt me, Dominus autem assumsit me,* illisque maxime: *Si consistant adversum me castra, non timebit cor meum; si exurgat adversum me proelium, in hoc ego sperabo.*

1) Das Werk ist nach Nic. Antonio II, 46 und Tejada S. 77 Juan Grial gewidmet: ad Joannem Grialum. Diese Formel mißverstehend, sagt Ossinger S. 504, es sei Salmanticae 1590 apud Joannem Grial, item eodem anno typis G. Foquelii gedruckt. Eine zweite Ausgabe erschien Salmanticae ex typographia Petri Lassi 1592 (Tejada S. 77).

vertheidigte Luis' Ordensgenosse Fray Basilio Ponce de Leon in der Schrift De agno typico, gedruckt bei Miguel Serrano de Vargas zu Madrid 1604 in 8, in welcher er Luis' Abhandlung mit abdrucken ließ (Tejaba S. 78). Beide Abhandlungen wurden 1611 nochmals abgedruckt in Basilio's Quodlibeticae quaestiones [1]).

5. Fr. Ludovici Legionensis Augustiniani, Doctoris Theologi Salmanticensis, orationes tres ex codice manuscripto. Matritii typis Benedicti Cano 1792, angehängt der Declaracion de los mandamientos de la ley, articulos de la fe, sacramentos y ceremonias de la iglesia en treinta y dos sermones sacados de latin en romanco por el P. Fr. *Juan de la Cruz* del orden de Santo Domingo (Tejaba S. 82, vgl. Merino I, S. XI). Es sind ohne Zweifel die drei Reden, welche Tejaba S. 86 als in einer Handschrift der Bibliothek des Marques de Morante enthalten verzeichnet: Oratio [Laudatio?] D. Augustini (vgl. u. No. IV, 12), Oratio funebris habita in exequiis Magistri Dominici Soti Segoviensis, Oratio habita in comitiis provincialibus (einem Provincialcapitel der Augustiner) anno 1557.

6. Theils eigenhändig von Luis, theils von einem seiner Schüler geschrieben, lagen Merino vor Erklärungen des Ecclesiastes (woran die zwei letzten Capitel fehlen [2]), des zweiten Thessalonicher-Briefes (gleichfalls unvollständig), der Psalmen 28, 57 und 67 [3]) und des Canticums

---

1) So Mayans, Bibliotheca p. VIII, und Tejaba S. 78. Nach Ric. Antonio I, 204 wären die Variae disputationes ex utraque theologia scholastica et expositiva s. quodlibeticae quaestiones zuerst, Salamanca 1600, gedruckt, dann die Abhandlung de agno typico besonders Madrid 1604. Nach Hurter I, 159 schrieb der Jesuit Gabriel Daniel gallice (anonyme L. D. P. Q.) Animadversiones in systema Ludovici Legionensis theologi hispani de ultimo Christi paschate, a. 1695. (Danach ist die Angabe von Tejaba S. 80, Daniel habe eine französische Uebersetzung des Buches De utriusque etc. herausgegeben, unrichtig). — Drei auf die Bibel bezügliche Quaestiones aus Basilio Ponce de Leon's Variae disputationes sind in Tournemine's Ausgabe des Menochius III, 137 ff. abgedruckt. Er citirt darin sehr oft die gedruckten exegetischen Werke von Luis und dessen Abhandlung über die Vulgata.

2) Nach Tejaba S. 85 besitzt die Madrider Biblioteca Nacional handschriftlich: Expositio in Ecclesiasten a doctissimo magro. Fratre Ludovico de Leon, Augno. monacho sacrarum literarum interpraete in milita [inclyta] Salmanticensi Academia. 1579.

3) Basilio Ponce de Leon citirt a. a. O. S. 139 praelectio theologica super Ps. 67.

Deut. 32, der Tractat über die Bulgata (f. No. VII) und Quaestiones variae. Letzteres sind wohl die Collegienhefte, welche Nic. Antonio II, 46 unter dem Namen Variae lecturae theologicae erwähnt und von denen er (und Mayans, Bibl. p. IX) sagt, sie seien noch bei Luis' Lebzeiten von dem Augustiner Petrus de Aragon in seinem Werke über die Secunda secundae des h. Thomas [de fide, spe et charitate, Salamanca 1584; f. Hurter I, 244] benutzt worden. Nach Tejaba S. 86 besitzt die Biblioteca Colombina handschriftlich Commentaria in tertiam partem Divi Thomae per Magistrum Fratrem Ludovicum de Leon in Universitate Salmantica. Die Handschrift beginnt mit Fol. 399; die vorhergehenden Blätter haben ohne Zweifel den Commentar zu Pars I. et II. enthalten. Einen handschriftlich zu Salamanca vorhandenen Commentar zur Apokalypse erwähnt (nach Nic. Antonio, Merino und Mayans, Bibl. p. IX) der Jesuit L. be Alcasar in seinem Werke über die Apokalypse (1614; f. Hurter I, 343).

Als von Luis verfaßt nennt Nic. Antonio noch die Constitutiones Fratrum Ordinis Augustinianorum excalceatorum 1588 (f. No. X).

Nach Merino I, S. XI spricht Luis in dem Commentar zu dem 1. Cap. des Galaterbriefes von einem Buche de triplici coniunctione fidelium cum Christo, welches er demnächst herauszugeben gedenke. Merino hat dasselbe aber nicht vorgefunden. In einer scharfen Digression über unwürdige Bischöfe in dem lateinischen Commentar zum H. L. (zu 3, 7. 8) sagt Luis (S. 133), er werde vielleicht in einer besondern Schrift den Irrthum, daß ein Bischof kein tüchtiger Theologe zu sein brauche, mit einer Fülle von Gründen und Zeugnissen widerlegen[1]). Diesen Vorsatz hat er aber wohl nicht ausgeführt.

B. Spanische Werke.

Gesammt-Ausgabe: Obras del M. Fr. Luis de Leon de la orden de San Agustin, reconocidas y cotejadas con varios manuscritos autenticos por el P. M. Fr. *Antolin Merino* de la misma orden. Sechs Bände in Klein-Octav, der 1. u. 2. Madrid 1804, der 3. und 4. 1805, der 5. 1806, der 6. 1816[2]). Merino beabsichtigte auch die lateinischen Schriften herauszugeben und eine Biographie mit einigen Documenten beizufügen (I, S. V. VII), hat aber diese Absicht nicht

---

1) f. u. Anhang.
2) Die Ausgabe befindet sich auf der Bonner Universitätsbibliothek.

ausgeführt. Er benutzte für seine Ausgabe außer den ältern Drucken auch Handschriften. Die Bibliothek des Klosters St. Augustin zu Salamanca, welche, wie Merino vermuthet (I, S. VIII), viele Manuscripte von Luis enthielt, war am 9. October 1744 abgebrannt; manche Handschriften und Abschriften fanden sich aber in andern Bibliotheken. Manche Handschriften verzeichnet Tejada S. 84 ff.

Der 1. und 2. Band enthalten die Exposicion del libro de Iob. Sie ist der unbeschuhten Karmeliterin Ana de Jesus gewidmet. Luis gibt zuerst eine spanische Uebersetzung, dann die Auslegung, zuletzt eine versificirte Nachbildung (in tercetos) von jedem Capitel (I, S. XVI). Nach Doc. X, 186 hatte Luis schon vor seiner Verhaftung die Uebersetzung des B. Job angefertigt und die Absicht, eine spanische Erklärung dazu zu schreiben. Ausgeführt ist diese Absicht also erst nach der Gefangenschaft [1]). Schon 1592 hatte Basilio Ponce de Leon Luis' Manuscript druckfertig gemacht und die Erlaubniß des Klosters St. Augustin zur Herausgabe desselben erhalten. Auch Ana de Jesus interessirte sich für die Veröffentlichung. Was dieselbe damals hinderte, ist nicht bekannt. Der erste Druck erschien erst 1779 zu Madrid (Tejada S. 50. 81). Merino benutzte außer diesem eine Handschrift aus dem Kloster St. Augustin zu Salamanca, welche nur die Prosa-Uebersetzung und die Erklärung enthielt, und eine Handschrift aus dem Madrider Kloster S. Felipe el Real, welche die poetische Uebersetzung enthielt (einige in dieser fehlende Capitel fügte Fr. Diego Gonzalez bei, I, S. VI).

Der 3. und 4. Band enthalten die drei Bücher de los nombres de Cristo und (IV, 247 ff.) La perfecta casada. Das Werk von den Namen Christi ist Don Pedro Portocarrero, del Consejo de S. M. y del de la santa y general Inquisicion, gewidmet. Luis hat es während seiner Gefangenschaft angefangen (III, 8). Es behandelt in der Form von Gesprächen zwischen drei Freunden (nach Art von Cicero's Tusculanen) die Namen, mit denen Christus in der h. Schrift bezeichnet wird. Im Anfange des 1. Buches (III, 15) wird angekündigt, es sollten zehn Namen besprochen werden; von diesen werden sechs im 1., vier im 2. Buche behandelt. Diese beiden Bücher hat Luis zuerst allein veröffentlicht, Salamanca 1583. In der zweiten Ausgabe, Salamanca

---

1) Nach den von Tejada S. 49 mitgetheilten Notizen in der Originalhandschrift (in der Universitätsbibliothek zu Salamanca) schrieb Luis die Erklärung von Cap. 33—35 im November und December 1590 zu Valladolid, die von Cap. 36—40 vom October 1590 bis März 1591 zu Madrid, die von Cap. 41. 42 im Februar und März 1591 zu Salamanca.

1585, fügte er ein drittes Buch bei, welches drei weitere Namen behandelt. Die dritte Ausgabe, die letzte von Luis selbst besorgte, erschien zu Salamanca 1587 [1]). In der vierten Ausgabe (Salamanca 1595) wurde eine von Luis handschriftlich hinterlassene Abhandlung über den Namen „Lamm" beigefügt[2]). Wie Ticknor I, 475 dazu kommt, zu sagen, Luis habe dieses Werk niemals ganz vollendet, weiß ich nicht.

La Perfecta Casada, eine Abhandlung über die Pflichten einer Gattin unter Zugrundelegung von Spr. Salom. 31, 10—31, ist der Doña Maria Varela Osorio nach ihrer Vermählung gewidmet. Luis veröffentlichte das Buch zuerst als Anhang zu der Ausgabe der „Namen Christi" von 1583 (IV, 4. 9). Es steht in den fünf Ausgaben des letztern Werkes, die von 1583 bis 1603 erschienen. 1632 erschien zu Madrid die erste Separat-Ausgabe; weitere Separat-Ausgaben erschienen zu Valencia 1765, ferner, von dem Dominicaner Fr. Luis Galiana besorgt, zu Madrid 1786 und 1799 (IV, 249; die Ausgabe von 1799 wird als neunte bezeichnet). Keine Schrift von Luis ist also so oft gedruckt wie diese. (Sie steht auch in dem 3. Bande des von D. Eugenio de Ochoa herausgegebenen Tesoro de escritores misticos españoles, Paris, Baudry 1847). Nic. Antonio erwähnt zwei italienische Uebersetzungen derselben, von G. B. Ciotti, Venedig 1595, und von J. Zanchini, Neapel 1598. Eine deutsche Uebersetzung erschien zu Wien 1847: „Die vollkommene Gattin. Von Ludwig von Leon. Aus dem Spanischen."

Den Haupt-Inhalt des 5. Bandes bildet die Exposicion del Cantar de Cantares de Salomon segun la letra, s. u. No. VI. Ferner enthält dieser Band noch folgendes:

1. Respuesta de Fr. Luis de Leon estando preso en la cárcel (S. 281—292), ein Fragment (der Anfang fehlt) mit der Unterschrift ἐν τῇ φυλακῇ 18. December 1573, aus dem königlichen Archiv von Simancas. Luis behandelt darin einige Stellen seiner Auslegung des Hohen Liedes (über H. L. 4, 1, V, 102; 7, 5, V, 205; 6, 4, V, 175). Es scheint der Entwurf oder ein Bruchstück einer der zahlreichen Vertheidigungsschriften zu sein, die er in seiner Haft verfaßte.

---

1) Tejada S. 76 verzeichnet daneben eine 1587 zu Barcelona erschienene Ausgabe (Nachdruck der Ausgabe von 1585?).

2) Die fünfte Ausgabe erschien 1603 zu Salamanca. Als sechste ist eine 1770 bei S. Faull zu Valencia erschienene bezeichnet; neben dieser erwähnt Tejada eine in demselben Jahre bei L. Monfort zu Valencia erschienene Nueva edicion emendada por el cotejo de las cinco primeras con una prefacion sobre la necesidad de buenos libros para la instruccion del pueblo, por un Doctor de Valencia.

2. Ueberſetzung und Erklärung des Pſ. 41, nebſt einer verſificirten Nachbildung deſſelben (S. 293—316), nach einer vollſtändigen Handſchrift der Bibliothek der Piariſten zu Madrid und einer unvollſtändigen aus der Bibliothek des Herzogs von Alba. In den Doc. X, 186 ſagt Luis, er habe (vor ſeiner Verhaftung) eine kurze ſpaniſche Erklärung dieſes Pſalms und des 12. geſchrieben (letztere iſt nicht gedruckt).

3. Neun kurze Briefe an Juan Bazquez de Marmol zu Madrid, geſchrieben zu Salamanca vom 15. Januar bis 3. Juli 1590 (S. 316—330), aus einer Handſchrift (nicht Original) der königl. Bibliothek zu Madrid. Sie betreffen Ordensangelegenheiten; ſ. No. X.

4. Widmungsſchreiben an die Priorin Ana de Jeſus und die unbeſchuhten Karmeliterinnen zu Madrid vor der von Luis beſorgten Ausgabe der Werke der h. Thereſia, Salamanca 1588, datirt Madrid 15. September 1587 (S. 333—352).

5. Apologie der Werke der h. Thereſia (S. 353—363), ſpäter geſchrieben als die Widmung, zuerſt gedruckt in einem Werke des Karmeliters Thomas de Jeſus, Madrid 1615.

Beigefügt ſind dieſem Bande noch: a. die Approbation des Lebens der h. Thereſia, von ihrem Beichtvater Domingo Bañez, Profeſſor zu Salamanca, datirt Valladolid 7. Juli 1575 (S. 364); b. eine Predigt und ein Fragment einer zweiten, die in einer Madrider Handſchrift Luis zugeſchrieben werden, deren Echtheit aber Merino bezweifelt (S. 369); c. eine ſpaniſche Erklärung des 50. Pſalms von Benedict Arias Montano aus drei Handſchriften des Escorial (S. 405—435).

Der 6. Band enthält die poetiſchen Werke von Luis de Leon. Luis hat ſelbſt eine Sammlung ſeiner Gedichte in drei Büchern veranſtaltet: in dem erſten Buche ſtellte er ſeine Originalgedichte zuſammen, in dem zweiten die Ueberſetzungen profaner Gedichte, im dritten die Nachbildungen bibliſcher Poeſieen. Die Sammlung überſandte er mit einer Vorrede an Don Pedro Portocarrero (VI, 1). Er ſagt darin, er habe ſeine Gedichte geſammelt, weil man ſie einem ihm befreundeten Ordensmann zugeſchrieben und dieſer dadurch Unannehmlichkeiten gehabt habe. Dieſe Vorrede iſt nicht datirt, gehört aber ohne Zweifel der Zeit nach der Gefangenſchaft an. Wenn Luis in dem erſten Satze die Gedichte als Werke ſeiner Jugend (en mi mocedad, y casi en mi niñez) bezeichnet, ſo iſt das nicht buchſtäblich zu nehmen; manche derſelben ſtammen aus der Zeit ſeiner Haft, einzelne aus der Zeit nach ſeiner Befreiung (VI, 12. 13).

Die Gedichtſammlung wurde aber bei Luis' Lebzeiten nicht gedruckt. Nur einige von ihm überſetzte Horaziſche Oden wurden während ſeiner

Gefangenschaft 1574 ohne Nennung seines Namens von Francisco Sanchez
de las Brocas in seiner Ausgabe der Gedichte des Garcilaso de la Vega
(Ticknor I, 386) veröffentlicht (VI, S. VI; Tejada S. 79). Erst
vierzig Jahre nach Luis' Tode gab Don Francisco de Quevedo y Villegas
seine Gedichte nach einer unvollständigen und fehlerhaften Abschrift heraus, Madrid 1631 (vgl. Tejada S. 78). Die Ausgabe wurde in
demselben Jahre zu Mailand nachgedruckt (Bibliot. p. X; Tejada
S. 79). Eine bessere Ausgabe erschien auf Veranlassung von Gregorio
Mayans zu Valencia 1761, ein neuer Abdruck von dieser 1785. Diese
Valencianer Ausgabe liegt auch dem 11. Bande der Sammlung spanischer Dichter von Ramon Fernandez, Madrid 1790, zu Grunde [1]).
Die andern im 17. und 18. Jahrhundert veranstalteten Sammlungen der
Gedichte kamen nicht zum Druck (VI, S. VIII. XI). — Merino hat für
seine Ausgabe zehn Handschriften benutzt. In dem ersten Buche hat er
32 Gedichte; in einem Appendix dazu 6, die bereits gedruckt waren,
deren Echtheit er aber für zweifelhaft hält, und in einem zweiten Appendix 18
bis dahin ungedruckte, von denen er einige für echt hält. Im 2. Buche
stehen 10 Eclogen und 2 Bücher der Georgika von Virgil (das zweite Buch
aus Mayans' Ausgabe des Virgil, Valencia 1795; die andern von
Mayans edirten Uebersetzungen aus Virgil in Prosa und Versen hält
Merino für unecht, VI. S. XVII), ferner 23 Oden von Horaz, eine
Ode von Pindar, eine Elegie von Tibull, und je ein Gedicht von Joan
de la Cossa und von Bembo. In dem Appendix zum zweiten Buche
stehen Stücke aus der Andromache des Euripides und aus dem Thyestes
des Seneca und acht weitere Oden von Horaz von zweifelhafter Echtheit.
Im dritten Buche stehen 37 Psalmen, zum Theil in doppelter Uebersetzung,
das letzte Capitel der Sprüche, das 6. und 7. Capitel des Buches Job
und die neun aus diesem Buche entnommenen Lectionen des Officium
defunctorum (eine andere, vollständige Uebersetzung des ganzen Buches
Job steht im 1. und 2. Bande, wie die Uebersetzung des Hohen Liedes
im 5. Bande, S. 258 ff.), ferner das 3. Capitel des Habakuk und eine
Uebersetzung des Pange lingua. (Auf dem vorletzten Blatte des Bandes
steht ein Gutachten von Luis aus dem Jahre 1588 über eine ihm von
der Regierung vorgelegte Rechtsfrage.)

---

1) Poesias del Maestro Fray Luis de Leon. Por *Don Ramon
Fernandez.* Madrid, Imprenta real 1790. 8. (auf der Bonner Universitätsbibliothek). Nach Tejada S. 1771 stehen viele Gedichte von Luis, vermischt
mit unechten, in mehrern Bänden, namentlich im 5. Bande des Parnaso español, Madrid 1771. Tejada erwähnt auch noch andere Ausgaben und mehrere
handschriftliche Sammlungen aller oder einiger Gedichte.

In der Ausgabe „Sämmtliche Originalgedichte des Luis Ponce de Leon, gesammelt, durchgesehen und in's Deutsche übertragen von C. B. Schlüter und W. Storck," Münster 1853, ist der spanische Text von 17 Gedichten aus der Ausgabe von Valencia 1785 abgedruckt, fünf sind aus Böhl de Faber's Floresta entnommen, zwei aus dem 44. Bande der Coleccion de los mejores autores españoles, Paris, Baudry 1847 (s. o. S. 28), eins aus Merino's Ausgabe.

Wie Merino VI, S. IV berichtet, finden sich in einer Pergament-Handschrift von Werken des h. Hieronymus, die Luis im Gefängniß benutzte, auf den leeren Stellen viele Ottaven, die aber so verblaßt sind, daß man sie nicht mehr lesen kann; sie scheinen der Anfang eines epischen Gedichtes über Alfons VI. gewesen zu sein (einige Verse der ersten Ottave theilt Merino mit).

Dem lateinischen Commentar zum Hohen Liede sind zwei lateinische Gedichte beigefügt: Votum (fünf Distichen, Fol. 5 b) und Ad Dei genitricem Mariam carmen ex voto (S. 317—319).

Im ersten und zweiten Bande von J. N. Böhl de Faber's Floresta de Rimas antiquas castellanas, Hamburg 1821, stehen unter No. 73. 401—406. 419. 453—462 Gedichte von Luis, No. 73 (Mil varios pensamientos) nach Merino's Ausgabe, aber nach einer alten Handschrift verbessert, No. 419 aus dem Parnaso español V, 47, die andern aus Merino's Ausgabe.

„Proben aus Leon's Gedichten und Uebersetzungen im spanischen Original" theilt Willens im Anhang S. 385—417 mit, eine deutsche Uebersetzung einiger Gedichte S. 150 ff.

Der 37. Band der Biblioteca de autores españoles, Madrid 1855 (s. o. S. 20) enthält die Gedichte von Luis (S. 1—65) und von den prosaischen Schriften die Nombres (S. 67—210), La perfecta casada (S. 211 —246), die Erklärung des Hohen Liedes nebst dem bei Merino V, 281 stehenden Bruchstück (S. 247—287) und die Erklärung des B. Job (S. 289—491).

Dem Abdruck der Gedichte in der Biblioteca scheint die Ausgabe von Mayans zu Grunde zu liegen; die Ode Mil varios ist aus einer Madrider Handschrift beigefügt, außerdem einige Uebersetzungen. Merino's Ausgabe wird auffallender Weise nicht erwähnt und nicht berücksichtigt. Es fehlen darum auch die in dieser stehenden Varianten. Die Gedicht: stehen in anderer Ordnung als bei Merino; einige bei diesem abgedruckte fehlen (aus dem B. Job hat die Biblioteca nur von Cap. 3—12. 19. 20. 29 die versificirte Uebersetzung; von mehrern Psalmen hat sie nur Eine Uebersetzung, während bei Merino zwei stehen). — Tejada sagt von dieser Ausgabe S. 83: „Was den Text betrifft, so glaube ich wie mein gelehrter Freund D. Zacarias Acosta y Lozano (in einem Artikel im Museo universal vom 15. April 1857), daß man nur die Fehler der frühern Ausgaben wiederholt und neue Druckfehler hinzugefügt hat. So ist diese letzte und die einzige vom Staate unterstützte Ausgabe die mangelhafteste unter allen, die bekannt sind."

Tejada S. 87 erwähnt eine handschriftliche Sammlung von Sermones und Apuntamientos doctrinales von Luis de Leon in der Bibliothek des Conde de Campomanes. Ihre Echtheit scheint zweifelhaft zu sein. — In der vor der Madrider Ausgabe der Gedichte vom Jahre 1631 stehenden Approbation des Mag. Jose de Valdivieso wird ein Werk El perfecto predicador erwähnt; Merino I, S. XI vermuthet wohl mit Recht, das beruhe auf einer Verwechselung mit einer handschriftlich vorhandenen spanischen Uebersetzung der Auslegung des Ecclesiastes (s. o. S. 25).

III. Luis de Leon's Familienverhältnisse.

1. Bouterwek (S. 239), Ticknor (I, 469), Schlüter u. A. geben als vollständigen Namen „Luis Ponce de Leon" an[1]); auch Wilkens S. 4 bringt Luis mit der vornehmen Familie Ponce de Leon in Verbindung. Mit Unrecht. Der Beiname Ponce findet sich in der Obras und in den Documentos niemals bei Luis oder irgend einem seiner Vorfahren oder Verwandten. Auch in den ausführlichen actenmäßigen Mittheilungen über letztere X, 146 ff. wird niemals ein Ponce de Leon erwähnt. Nach Llorente II, 258 wurde Don Juan Ponce de Leon, ein Sohn des Don Rodrigo, Grafen von Baylen, 1559 zu Sevilla als „Lutheraner" verbrannt. Wäre dieser ein Verwandter von Luis gewesen (den übrigens auch Llorente II, 483, Nic. Antonio, Ossinger ꝛc. nicht als Ponce de Leon bezeichnen), so würde dieses in den Acten erwähnt werden[2]). — Vielleicht hat zu der Meinung, Luis sei ein Ponce de

---

1) In Brockhaus' Conversationslexikon steht Luis unter Ponce.

2) Auch der nach Llorente II, 264 im Jahre 1559 als Häretiker verbrannte Hieronymit Juan de Leon scheint kein Verwandter von Luis gewesen zu sein. Der Name de Leon war in Spanien sehr gewöhnlich; s. Jöcher's Gelehrten-Lexikon II, 2377 und die Fortf. von Rotermund III, 1626. In den Proceßacten kommen unter den Zeugen vor ein Prämonstratenser Agustin de Leon, der Luis' Zuhörer gewesen (X, 85), und ein Augustiner Diego de Leon (X, 79, 383). — Ein Pedro Ponce de Leon wurde nach Llorente IV, 261 am 29. December 1572, also während Luis' Proceß, zum General-Inquisitor ernannt, starb aber schon 17. Januar 1573.

Leon gewesen, der Umstand Anlaß gegeben, daß Mayans (Bibliot. p. VIII) Luis' Ordensgenossen Basilio Ponce de Leon [1]) als dessen Neffen (sobrino) bezeichnet. Aber nach Nic. Antonio I, 204 kam die Verwandtschaft von Basilio's Mutter Mencia Barela (de Balera? s. Nr. 3) her, die eine consanguinea von Luis war.

2. Als Luis' Geburtsjahr geben Bouterwek, Wilkens, Tejada u. A. 1527, Ticknor u. A. 1528 an. In der Grabschrift heißt es, Luis sei am 23. Aug. 1591 im Alter von 64 Jahren gestorben, und im April 1572 gibt er selbst (X, 180) sein Alter auf 44 Jahre an[2]).

Als Geburtsort Luis' wird vielfach, auch von Bouterwek S. 340, Granada angegeben; in den Proceßacten wird aber wiederholt Belmonte in der Mancha als solcher erwähnt.

Der Vater hieß Lope (Lupus) de Leon, war Licentiat der Rechte und Advocat zu Belmonte, seit 1532 zu Madrid, später zu Valladolid, seit 1541 Assessor oder Rath (oidor de la real chancilleria, X, 180) zu Granada[3]), wo er frühestens 1560 starb (Tejada S. 6; Luis sagt X, 378, er habe im Sept. 1562 oder 1563 seine Mutter bald nach dem Tode des Vaters in Granada besucht). Mit Rücksicht auf den Wohnort der Eltern heißt Luis in den Acten der Universität Salamanca (bei Tejada S. 11) natural de Granada; dadurch ist die Meinung entstanden, er sei dort geboren. — Die Mutter nennt Luis Jnes (Agnes) de Alarcon, ihren Vater Juan de Valera (königlichen Leibgardisten, contino de S. M., aus Belmonte); gewöhnlich wird sie Jnes de Valera genannt (X, 173). Von ihren Brüdern nennt Luis drei (darunter einen, der Canonicus zu Bel-

---

1) Mayans bezeichnet Basilio auch als Schüler von Luis. Das kann er nur im uneigentlichen Sinne gewesen sein. Er war geboren 1569, wurde 1591 (also nach Luis' Tode) Augustiner zu Salamanca, docirte erst zu Alcala und wurde dann 1608 Professor zu Salamanca, wo er 28. August 1629 starb; s. Nic. Antonio I, 204. Offinger S. 703. Hurter I, 682. Vgl. oben S. 25 und Nr. VII, 7. — Sein Zeitgenosse Gonsalvo Ponce de Leon aus Sevilla lebte zu Rom und edirte dort die Werke des Erzbischofs Theophanes von Nicäa (1590) und den Physiologus des h. Epiphanius (Nic. Antonio I, 558. Hurter I, 211). — Nic. Antonio erwähnt noch (II, 18) einen Luis de Aguilar Ponce de Leon, Ritter von Calatrava und Verfasser eines Memorial de los señores de la casa de Aguilar, und (II, 51) einen Juristen Luis Messia Ponce de Leon (seine Mutter war eine Ponce de Leon, sein Vater hieß Francisco Messia), geb. um 1524 zu Utrera.

2) Taufbücher sind aus jener Zeit zu Belmonte nicht vorhanden; Tejada S. 6.

3) s. Mendibil II, 459. Tejada S. 8.

monte war) be Valera, den vierten Christobal de Alarcon (X, 181). Auch eine seiner eigenen Schwestern nennt er Doña Maria de Alarcon (sie war an den Advocaten Dr. Jaranilla zu Granada verheirathet, 1572 aber schon gestorben), die andere Doña Mencia be Tapia (sie war die Gattin des Francisco Davalos zu Hellin und lebte 1572 noch; X, 182).

Luis war der älteste Sohn (X, 386); seine beiden Brüder Cristobal und Miguel waren 1572 veinticuatros (Schöffen) zu Granada (X, 181; nach Tejada S. 7 seit 1556 resp. 1562 in diesem Amte); ein dritter Bruder, Antonio, der geistlich war, war 1572 schon gestorben. Luis sagt X, 386, er habe durch seinen Eintritt in den Orden auf eine Rente von 4000 Ducaten verzichtet, die sein Vater ihm als dem ältesten Sohne bestimmt. Aus anderen Stellen ergibt sich, daß er von seinem Bruder Miguel jährlich eine bestimmte Summe erhielt (XI, 51. 196; das Nähere ist mir nicht klar).

3. Die Familie de Leon war schon lange in Belmonte ansässig; Luis selbst gibt (X, 366) folgendes an: mein Ururgroßvater Pero Fernandez kam mit dem ersten Herrn (Señor) von Belmonte dorthin und war Zeitlebens Alcaide in dessen Schloß (alcaide en la fortaleza dél). Dessen Sohn Lope und Enkel Gomez gehörten zu den angesehensten Einwohnern des Ortes; letzterer war Gutsbesitzer (vivia de su hacienda, X, 181; vivia de sus viñas y heredidades); ein Bruder desselben, Lic. Pedro, war Collegial im Collegium des Cardinals zu Valladolid. — Von Luis' Vatersbrüdern war einer, Doctor Francisco, Professor der Rechte (catedrático de prima de cánones) zu Salamanca, einer, Lic. Antonio, ein angesehener Advocat (XI, 5), der dritte, Luis, Geistlicher, Schatzmeister an der Collegiatkirche zu Belmonte (X, 181)

Die Familie gehörte dem niedern Adel an; ihre Mitglieder werden bald als hidalgos (X, 182, 164), bald als escuderos (X, 172) bezeichnet.

4. Leute, welche Luis nicht wohl wollten, sagten von ihm, er stamme von Juden ab (X, 38), und in dem Anklage=Act bezeichnet ihn der Fiscal der Inquisition als descendiente de generacion de judios (X, 206).

Luis selbst erklärt bei dem Verhör über seine Personalien, er habe davon reden hören, daß seinem Vater von gewissen Gegnern nachgesagt worden sei, er stamme von bekehrten Juden ab (X, 182). Später sagt er: man werde nicht durch Zeugen oder Schriftstücke beweisen können, daß einer seiner Vorfahren sich aufs neue zum Glauben bekehrt habe (se haya convertido á la fe de nuevo, X, 386)[1]). Bei den Nach=

---

1) Unrichtig Wittens S. 288: „Mit wenigen Worten erwies er alle vor=

forschungen, welche in dieser Beziehung in den Archiven der Inquisition angestellt wurden (X, 146 ff.), ergab sich hinsichtlich der Familie de Leon, daß bei einem im J. 1529 gegen einen Verwandten von Luis, Gomez Fernandez de Leon, geführten Proceß wegen „Häresie und Apostasie" — er wurde frei gesprochen — die nämliche Behauptung ausgesprochen worden war (X, 164), ohne daß ein Beweis dafür beigebracht worden zu sein scheint. Dagegen wurde nachgewiesen, daß die Urgroßmutter Luis', die Frau des Lope de Leon, Leonor de Villanueva, nicht nur die Enkelin eines mit vierzig Jahren getauften jüdischen Ehepaares war, sondern auch bei einem gegen sie geführten Processe eingestanden hatte, daß sie jüdische Gebräuche beobachtet habe, und daß sie bei einem Autodafe im J. 1512 „reconciliirt" und zu Confiscation ihrer Güter, Tragen des Sambenito ¹) und ewigem Gefängniß verurtheilt worden war (X, 157). Gegen den Großvater dieser Leonor, Fernan Sanchez de Villanueva (vor seiner Taufe hieß er Abiuelo oder Daviguelo), und seine Frau Elvira wurde 1492 nach ihrem Tode ein Proceß wegen „Häresie und Apostasie" (Beobachtung jüdischer Gebräuche) geführt, bei welchem ein Sohn und eine Schwiegertochter die Belastungszeugen waren und welcher damit schloß, daß beide für „apostasirte Häretiker und der größern Excommunication verfallen erklärt, daß ihre Leichen aus dem geweihten Boden ausgegraben und zum Zeichen des Abscheus vor ihrem Verbrechen öffentlich verbrannt und ihre Güter für die Kammer und den Fiscus Seiner Majestät confiscirt wurden" (X, 150. 151). Auch gegen einen Sohn dieses Ehepaares, Pero Rodriguez, den Vater der eben erwähnten Leonor, war nach seinem Tode ein solcher Proceß geführt, 1499 aber „sein Andenken und Ruf frei gesprochen worden" (X, 153). Dagegen traf 1521 einen Bruder der Leonor, Fernando de Villanueva zu Toboso, nach seinem Tode dasselbe Loos, wie seine Großeltern (X, 163).

Die Folgen dieser alten Processe reichten noch in die Lebenszeit unseres Luis hinein. Die zu Belmonte wohnenden Mitglieder der Familie de Leon reichten der Inquisition eine Bittschrift folgenden Inhalts

---

gelegten Urkunden als Fälschungen. Nichts war für jüdische Abstammung vorzubringen; auch dieser Punkt der Anklage mußte fallen." Ein Anklagepunkt war die jüdische Abstammung gar nicht, und Urkunden darüber wurden Luis gar nicht vorgelegt. Der Umstand wurde aber überhaupt bei dem Proceß nicht weiter urgirt.

1) Sambenito (verstümmelt aus saco bendito, saccus benedictus) ist das benedicirte Buß- oder Armesünderkleid, welches die von der Inquisition für schuldig Erklärten tragen mußten, die minder Schuldigen nur während der feierlichen Wiederaussöhnung mit der Kirche („Reconciliation"). Andere, wie es scheint, Zeitlebens. Hefele, Card. Ximenes S. 332.

ein: Die Frauen zweier ihrer Vorfahren (die erwähnte Leonor und die Frau eines Alvar Fernandez de Leon) seien vor langer Zeit zu Cuenca „reconciliirt" und ihre Sambenitos gemäß einer Verordnung Papst Hadrians (VI., der früher General-Inquisitor gewesen), in der dortigen Kathedrale aufgehängt worden. Jetzt verlaute, daß die Inquisition verordnet habe, alle Sambenitos nach der Heimath der Verurtheilten zu bringen. Da die beiden Frauen aus Quintanar gebürtig gewesen seien und dort ihr Vergehen begangen hätten, so möge man ihre Sambenitos dorthin und nicht nach Belmonte bringen lassen. Die Inquisition (zu Toledo) verordnete aber gleichwohl im J. 1529, die Sambenitos der beiden Frauen „in der Kirche des Ortes, wo ihre Nachkommen wohnten, aufzuhängen, damit man wisse und es notorisch sei, daß die beiden Frauen reconciliirt worden." Sie wurden demgemäß in der Hauptkirche zu Belmonte, mit den Namen der beiden Frauen bezeichnet, aufgehängt (X, 169) [1]).

5. Unter den Zeugen-Aussagen, welche Luis zur Begründung der gegen ihn erhobenen Anklage vorgelegt wurden, findet sich auch die Aussage des Augustiners Gabriel de Montoya: er habe sagen hören, Luis sei von seinem Vater ermahnt worden, seinen Vorgesetzten recht gehorsam zu sein und in der Wissenschaft der sententia communis zu folgen (X, 276). Luis antwortet darauf mündlich: er habe von seinem Vater manchen guten Rath erhalten, und dieses sei ein solcher (X, 303), später schriftlich: „Dieser speciellen Ermahnung erinnere ich mich nicht; aber ich erinnere mich sehr wohl, daß mein Vater, der jetzt im Himmel ist, mir immer Rath ertheilte, wie es ein Vater einem Sohne, den er sehr liebt, thun muß und wie es einem so guten und verständigen Manne, wie er war, anstand. Aber ich weiß auch, daß er mir mehr darum Rath ertheilte, weil er mich liebte, als darum, weil er bei mir irgend eine Neigung zu Verkehrtem wahrgenommen hätte. Wenn diejenigen, welche dem Zeugen dies gesagt, meinen Vater so genau gekannt haben, so werden sie auch wissen, daß er immer mit Liebe von mir gedacht und gesprochen hat. Und seine Aussprüche kann ich als das stärkste Zeugniß zu meinen Gunsten anführen, da er im ganzen Lande als ein so guter und verständiger Mann bekannt war. Der Zeuge hätte zu beweisen, daß ich den Rath meines Vaters nicht befolgt" (X, 386). Ein anderes Mal sagt er, sein Vater sei als „ein sehr katholischer und ausgezeichneter Mann im ganzen Lande bekannt" gewesen (X, 385).

Ueber Luis' Jugendjahre finde ich keine Nachrichten. Was Wiltens S. 5 sagt („Lesen und Singen, Verständniß der kirchlichen Ge-

---

1) Vgl. Llorente II, 36.

bräuche, bildeten die Hauptfächer des Unterrichts eines geistlichen Haus-
lehrers. . . Luis erleichterte seinem Lehrer Ramirez die Aufgabe" ꝛc. —
dafür finde ich in den Acten keinen andern Beleg als die Aussage eines
Pedro Ramirez, sein Bruder habe Luis lesen und singen gelehrt (X, 173) [1]).

IV. Luis de Leon in Salamanca 1543—1572.

1. Daß Luis mit vierzehn Jahren nach Salamanca geschickt wurde,
um „die Canones" zu studieren [2]), und daß er vier oder fünf Monate
nach seiner Ankunft im Kloster St. Augustin (als Novize) das Ordenskleid nahm, sagt er selbst bei seinem ersten Verhöre (X, 182. 386). Ob
sein Oheim, der catedrático de prima de cánones zu Salamanca war,
bei seiner Ankunft noch lebte, erhellt nicht, ist aber wahrscheinlich; 1572
war derselbe gestorben (X, 181). Die Angabe, daß Luis im J. 1543
Novize wurde und von dem Prior Alonso Dávila das Ordenskleid erhielt, und am 29. Jan. 1544 die Ordensgelübde ablegte, und zwar
vor dem damaligen Provincial Francesco de Nieva, stammt aus Herrera's
Geschichte des Klosters St. Augustin [3]). Bei seinem ersten Verhöre sagt
Luis ferner, er habe, seit er das Ordenskleid genommen, immer im
Kloster St. Augustin zu Salamanca gewohnt, nur ein halbes Jahr habe
er im Kloster St. Augustin zu Soria zugebracht, und anderthalb Jahre,
aber nicht auf einmal, „hörend und lesend," also als Student und als
Docent (ohne Zweifel als Lector im Kloster), zu Alcala (X, 182).

Wie Tejada S. 9 angibt, steht in dem ältesten erhaltenen Ma-
trikelbuche der Universität Salamanca, dem vom Jahre 1546, Luis de
Leon unter den Estudiantes griegos é rétoricos y gramáticos, in dem
vom Jahre 1553 als Estudiante teólogo. In Alcala wurde er im December 1556 als Theologie-Studierender inscribirt. Aus anderen von
Tejada S. 11 mitgetheilten Acten der Universität Salamanca ergibt
sich, — was in den Proceßacten nicht erwähnt wird und mit der oben
angeführten Angabe von Luis nicht zu stimmen scheint, — daß er auch
an der Universität zu Toledo Theologie studiert und sich dort den Grad
eines Baccalaureus der Theologie erworben hat. Dieser Grad wurde
am 31. Oct. 1558 von der Universität zu Salamanca „incorporirt"
(nostrificirt).

2. Als seine Lehrer nennt Luis (XI, 267) den Fray Juan de
Guevara in den Artes, den Magister Cipriano in der Exegese und die

---

1) Aus dieser Aussage (und Luis' Freundschaft mit Salinas, s. u. Nr. IV, 12)
schließt Tejada S. 15, Luis sei musicalisch gewesen!

2) Also nicht 1538 (mit elf Jahren!), wie Wilkens S. 5 angibt.

3) Die vollk. Gattin ꝛc. S. 7. Wilkens S. 18. Biblioteca p. I.

Magister Cano (vgl. X, 289) und Mancio in der scholastischen Theologie. Melchior Cano ist bekannt[1]); über die drei Anderen habe ich folgendes gefunden.

Juan de Guevara aus Toledo war, wie Luis, Augustiner und starb 1600 zu Salamanca über 90 Jahre alt[2]), nachdem er Prior des Klosters St. Augustin und Provincial seines Ordens gewesen war. Im J. 1565 erhielt Guevara, der bis dahin catedrático de Durando gewesen (vgl. X, 476), die cátedra de visperas[3]) in der theologischen Facultät (Tejada S. 24; er hatte dieselbe 1572 inne, XI, 275); Luis unterstützte ihn in der Bewerbung um dieselbe gegen seinen Concurrenten Juan Gallo (s. u.). Nach Mancio's Tode (im Juli 1576) bewarb er sich um die cátedra de prima, unterlag aber seinem Concurrenten Bartolomé de Medina[4]). Seine Hefte über die vier Sentenzenbücher (gedruckt ist von ihm nichts) benützte, wie Luis' Hefte (s. o. S. 26), sein Ordensgenosse Petrus de Aragon bei seinem Werke über die Secunda Secundae des h. Thomas.

Magister Cipriano, bei welchem Luis zu Alcala exegetische Vorlesungen, unter anderm über den Hebräerbrief, hörte (X, 475. 478), ist der Cistercienser Fray Cipriano de la Huerga, der zu Alcala bis zu seinem Tode 1560 Exegese docirte und als des Griechischen, Hebräischen und Chaldäischen kundig gerühmt wird[5]).

Auch den Magister Mancio, den Dominicaner Fr. Mancius de Corpore Christi (XI, 325, Mancio del Espiritu-Santo bei Tejada S. 31 ist wohl ein Schreibfehler), geb. um 1500 (XI, 317), hörte Luis zu Alcala (XI, 317), wo derselbe 1550—1564 Professor der Theologie war. Im November 1564 wurde er Professor der Theologie (catedrático de prima, XI, 33) zu Salamanca. In Luis' Proceß wurde er 1573 als Schutzeuge vernommen (XI, 316); später war er dessen pa-

---

1) s. Freiburger Kirchenlexikon II, 315. Laugwitz, B. Carranza S. 41.

2) Nic. Antonio I, 703 sagt: 96 Jahre alt; aber 1572 gibt Guevara sein Alter auf 64 Jahre an (XI, 275); er war also um 1508 geboren.

3) Nic. Antonio II, 708 gibt an, Guevara sei schon mit 36 Jahren, also um 1544 catedrático de visperas geworden. Wenn das richtig ist, hätte er die Artes in seinem Kloster oder, wenn an der Universität, neben der Theologie docirt, oder die theologische Professur mit einer philosophischen vertauscht und später wieder erlangt.

4) Quétif-Echard, Scriptores Ordinis Praedicatorum II, 256.

5) Nic. Antonio I. 259. C. de Visch, Bibliotheca Cisterciensis (Colon. 1656) p. 73. Er hinterließ Commentare zu Job, H. L., Isaias, mehreren Psalmen, Matth., Joh. und Hebr. und eine Isagoge in S. Scripturam. Gedruckt sind von ihm ein Commentar zu Pf. 38 und 129, Alcala 1555, und zu Nahum, Lyon 1561.

trono (f. Nr. IX, 13); er ftarb 9. Juli 1576, alfo vor Luis' Frei-
fprechung [1]). Als Profeffor zu Alcala hatte er die Approbation des
Katechismus des Erzbifchofs Bartholomäus Carranza mit unterzeichnet;
nach der Verhaftung des Erzbifchofs nahm er feine Unterfchrift zurück[2]).
3. Willens fagt S. 31: „Unter den Commilitonen galt Luis als
tüchtiger Exeget. Den Neunzehnjährigen baten fie wohl um Erklärung
dunkler Stellen; fogleich mußte er zu antworten in fließendem Latein,
freilich nur mit den Anfichten der Väter, aber fie mußten ihm doch genau
gegenwärtig fein." Das ift eine der ungenauen Verallgemeinerungen, wie
fie Willens liebt. Das Thatfächliche ift, was Luis X, 239 berichtet:
als er 18 oder 19 Jahre alt gewefen, habe ihn ein Freund um eine
Erklärung der Stelle des Ezechiel (9, 4): Signa thau super frontes
virorum gebeten; er habe ihm fchriftlich lateinifch geantwortet und, fo
viel er fich erinnere, zwei Erklärungen angeführt, die gewöhnliche des h.
Hieronymus und eine der Ueberfetzung der Septuaginta entfprechende.
4. Luis' Promotion zum Licentiaten der Theologie fand im Mai
1560 ftatt; die betreffenden Univerfitätsacten find bei Tejada S. 11
abgedruckt. Er producirte am 2. Mai vor dem Vicekanzler Fray Gaspar
de Torres Zeugniffe darüber, daß er unter dem Präfidium des Decans
der theologifchen Facultät, Fray Domingo de Soto[3]), und in deffen

---

1) Nic. Antonio II, 81: Edidit, sed non vulgavit in Summam S.
Thomae scholia et Thomae Cajetani explanationem, cujus sectam tenuit.

2) Langwitz S. 48. 98. Doc. V, 515 (gleich hinter dem Cancellarius
et Decanus Dr. Valbas unterzeichnete er die Approbation als Fr. Mancius).
Nach Llorente II, 442 retractirte Mancio in einem Briefe an den General-
Inquifitor vom 17. Sept. 1559. Daß er nur „durch diefe Retractation dem Ge-
fängniß entgangen" fei, wird richtig fein; daß ihm aber „die Inquifition zu
Valladolid wegen jener Approbation den Proceß gemacht," ift wohl eine der vielen
Ungenauigkeiten Llorente's. Mancio wird vor die Inquifition citirt und nach der
Zurücknahme feiner Unterfchrift nicht weiter behelligt worden fein. Jedenfalls galt
er fpäter nicht als verdächtig, da er fonft nicht Luis' Patron hätte werden können.
— Luis erwähnt einmal (X, 202), auch Mancio hätten, wie ihm felbft, Stu-
denten ketzerifche Aeußerungen nachgefagt; er follte gefagt haben, es fei nicht de
fide, daß Chriftus zwei Willen gehabt. „Ich halte aber Mancio nicht für einen
Ketzer, fondern für einen gelehrten Mann," fügt Luis bei.

3) f. Quetif II, 171; Freib. Kirchenlex. X, 254. Soto war von 1532
an 16 Jahre catedrático de visperas zu Salamanca, dann zu Trient und als
Beichtvater des Kaifers in Deutfchland. 1550 wurde er Prior der Dominicaner
zu Salamanca, 1552 als Nachfolger Melchior Cano's catedrático de prima,
1556 emeritirt (rude donatus) und der Dominicaner Ambrofio de Salazar fein
Subftitut; Soto wurde wieder Prior, blieb aber Mitglied der Facultät. Er ftarb
15. Dec. 1560; Luis hielt bei den Exequien die Leichenrede (f. o. S. 25). — Auch

Abwesenheit unter dem Präsidium des nächstältesten Magister, Francisco Sancho, die vorgeschriebenen Probevorlesungen und Disputationen (quolibetos, cuatro principios y platica) gehalten; ferner legten zwei seiner Ordensgenossen, Pedro de Guevaro und Gerardo de Peralta, eidlich das Zeugniß de moribus et vita et legitimitate für ihn ab, bezeuglen, daß er Priester und Baccalaureus sei 2c. Der Vicekanzler setzte darauf auf den 6. Mai das Examen an. Am 5. wurden die puntos für dieses Examen festgesetzt: wie es scheint, wurden aus zwei Büchern der Libri sententiarum je drei Distinctionen aufgeschlagen, aus denen der Candidat je eine auswählte. (Luis wählte l. 1 dist. 35 und l. 3 dist. 14). Ueber diese hatte er in der Kapelle der h. Barbara am 6. Mai einen Vortrag zu halten, an den sich ein Colloquium oder eine Disputation anschloß. Die Examinatoren waren außer dem Vicekanzler, der als Magister der Theologie stimmberechtigt war, die Magister Fray Domingo de Soto Francisco Sancho, Martin Vicente, Fray Pedro de Sotomayor, Pedro del Espinar, Leon de Castro und Diego Almolano. Bei der Abstimmung, die durch Zettel mit A (aprobacion) und R (reprobacion) stattfand, erhielt Luis alle Stimmen. Am 7. Mai wurde ihm, nachdem er den vorgeschriebenen Eid abgelegt, der Licentiatengrad verliehen (Tejada S. 14. 21).

Daß Domingo de Soto und Sancho bei seiner Promotion präsidirten, erwähnt Luis selbst X, 188. 241. Ferner berichtet er, in einem der Quolibetos, die er bei der Promotion vertheidigte, habe er die Frage erörtert, ob Melchisedech Brod und Wein mitgebracht, um zu opfern oder um Abraham und seine Leute zu speisen; er habe sich mit Chrysostomus für die letztere Ansicht entschieden, dabei aber festgehalten, daß die Thatsache ein Vorbild des Meßopfers gewesen sei [1]); von den anwesenden Magistern habe keiner daran Anstoß genommen (X, 188). Ein anderes Quodlibet handelte von der Ansicht des h. Thomas über die größere Gnade, die unter dem Gesetze des Evangeliums im Vergleich zu dem alten Gesetze gegeben werde (X, 240. 376). Ein drittes behandelte einen Punkt aus der Lehre vom Ablaß, bei welchem Luis der Meinung des Albertus Magnus, des Alexander von Hales und der übrigen alten Theologen vor der des h. Thomas den Vorzug gab (X, 240). X, 395 werden auch Quodlibets über die Ankunft des Messias und über die Genugthuung nach der Beichte erwähnt (letzteres vielleicht identisch mit dem über den Ablaß).

Salazar (er wird X, 479 erwähnt) starb schon 1560, 38 Jahre alt (Quetif II, 168); auch er war 1559 in den Proceß der Inquisition gegen den Erzbischof Carranza verwickelt (Llorente II, 469; III, 212).

1) Ungenau Wilkens S. 58.

5. **Wilkens** berichtet S. 58 von der Zeit, als Luis sich den Magistergrad erwerben wollte: „Alles war bereit, da erfolgte bei dem Prior eine Denunciation wegen Häresie, basirt auf dem Besitze eines häretischen Buches" u. s. w. Als den Denuncianten bezeichnet Wilkens „einen Theologen der alten Schule, Diego de Zuñiga." Die Sache verhält sich, wie aus den Aussagen Zuñiga's (X, 68) und Luis' (X, 305. 376) hervorgeht, doch etwas anders, als Wilkens sie darstellt, und ist nur von Interesse als ein weiterer Beitrag zur Charakteristik der Inquisition.

Als Luis die Quolibetos für seine Promotion schrieb, kam sein Ordensgenosse Diego de Zuñiga (auch Rodriguez genannt X, 373) zu ihm, der zufällig in Salamanca war. Zuñiga war noch jung (etwa 23 Jahre alt, X, 67. 68) und, wie Luis sagt, ein Melancholiker (X, 305). Er scheint auch später noch ein wunderlicher Kauz gewesen zu sein; denn 1568 erzählte er Luis, er stehe beim Papste und am päpstlichen Hofe in großem Ansehen; der Papst habe gern eine literarische Arbeit von ihm sehen wollen, und er habe ihm eine Abhandlung „über die Art und Weise, alle Wissenschaften zu erlernen," übersandt. Diese zeigte er Luis: es war ein Heft von 6 bis 8 Bogen ohne allen Werth (X, 374). — Bei der Unterhaltung über Luis' Quodlibet erzählte dieser, Arias Montano habe ihm einmal ein (geschriebenes, nicht gedrucktes) Buch gezeigt, in welchem eine Ansicht des h. Thomas, die in jenem Quodlibet erwähnt wurde, ausführlich entwickelt werde. Als Verfasser dieses Buches habe Arias einen sehr frommen italienischen Mönch bezeichnet; der Verfasser erzähle auch von einer Vision, die er gehabt, in welcher er die Worte des Jeremias vernommen: Quomodo obscuratum est aurum! und dann die weiteren Worte: Ego non reputo homines iustos, sed iustifico. Das Buch widerlege Luthers Rechtfertigungslehre und erkläre einige Stellen der h. Schrift sehr gut. Anderes in dem Buche habe ihm nicht gefallen; vielleicht habe er die betreffenden Stellen aber nicht recht verstanden; denn er habe das Buch nicht selbst gelesen (Luis verstand damals noch kein Italienisch X, 305), sondern nur von Montano vorlesen hören. (Zuñiga behauptet, Luis habe auf die Frage, ob Ketzereien in dem Buche ständen, gesagt: was über die Beichte gesagt werde, scheine ihm ketzerisch X, 68; Luis meinte sich später zu erinnern, es habe sich nicht um die Beichte, sondern um die Eucharistie gehandelt X, 379). Das Gute in dem Buche habe ihm aber so gut geschienen, daß ihm der Verdacht gekommen sei, die bedenklichen Stellen möchten von einem heterodoxen Abschreiber beigefügt worden sein. Zuñiga sprach nun den Verdacht aus, ob das nicht Montano selbst gethan haben möge. Darüber wurde Luis ärgerlich, verwies Zuñiga einen solchen Verdacht, zeigte ihm

einen Brief, den er vor wenigen Tagen von Montano erhalten und
der beweise, was für ein vortrefflicher Mann dieser sei, und fügte
noch bei, er wiſſe, daß Montano das Buch verbrannt habe (X, 376).
Zuñiga bekam aber nun Scrupel, ob er nicht das, was er gehört, be=
nunciren müſſe, und fragte darüber zwei Ordensbrüder. Dieſe bejahten
ſeine Frage; der eine, der Prior von Salamanca, ſagte ihm aber, es
ſei genug, wenn er es gelegentlich dem Provincial mittheile X, 79). Er
erzählte Luis davon; dieſer ſchalt ihn einen Melancholiker und ſuchte
ihm die Scrupel auszureden (X, 377). Da der Prior von Salamanca
bald darauf ſelbſt Provincial wurde, erledigte ſich die Sache für Zuñiga,
als er von jenem die Verſicherung erhielt, er brauche keine weiteren
Schritte zu thun (X, 69). Später, als Luis, wie er ſagt, „ſelbſt etwas
melancholiſch war und die Ketzereien ſah, die man täglich in Spanien
entdeckte" (nach X, 378. 200 im Jahre 1562 oder 63, nach XI, 215;
X, 305 im Jahre 1560), machte er ſelbſt, als er durch Valladolid kam,
bei der Inquiſition eine ſchriftliche Anzeige von dem, was er über das
Buch wußte, und las dieſe Zuñiga zu ſeiner Beruhigung vor. Nach
Luis' Verhaftung bekam aber Zuñiga aufs neue Scrupel wegen der Sache,
fragte vier „gelehrte und gewiſſenhafte" Männer um Rath und ging,
obſchon dieſe ihn zu beruhigen ſuchten, im November 1572 zum In=
quiſitor von Toledo (X, 70).

Mit demſelben Zuñiga kam übrigens Luis auch ſonſt einige Male
in unangenehme Berührung. Bei einem Actus an der Univerſität griff
er ihn ſchroff an über eine Theſis, die er aufſtellte, und über die Art
und Weiſe, wie er ſie vertheidigte (XI, 336). Bei einem Provincial=
Capitel der Auguſtiner im Jahre 1562 oder 63 erlaubte ſich Zuñiga
unangemeſſene Reden gegen einen Definitor und wurde dafür von dem
Provincial und den anweſenden Definitoren, zu denen auch Luis gehörte,
verurtheilt, im Refectorium „eine Diſciplin" zu erhalten (XI, 335).

6. Ticknor ſagt (I, 469), Luis ſei 1560 Licentiat und bald darauf [1])
Doctor der Theologie geworden. Aber in den Documentos heißt Luis
nie Doctor, ſondern immer Maeſtro, und nach Mayans (Biblioteca
p. VIII) bezeichnet ſich Luis erſt in den 1589 herausgegebenen Werken
als Doctor theologiae [2]). Der Magiſter = Titel ſcheint nach dem Be=

---

[1]) In der deutſchen Ueberſetzung heißt es: „ſpäter", aber im engliſchen
Original S. 76: immediately afterwards.

2) Vielleicht wurden in der theologiſchen Facultät die Titel Doctor und
Magiſter promiscue gebraucht. So erklärt es ſich, wenn in den Univerſitäts=
Acten (bei Tejada S. 13) bald von Doctores, Licenciados y Bachilleres
(ohne Erwähnung der Maeſtros), bald von Doctores y Maeſtros die Rede iſt.

ſtehen des Licentiaten-Examens verliehen worden zu ſein; denn Tejaba
berichtet S. 13, nach den Univerſitäts-Acten ſei auf Luis' Antrag nach
beſtandenem Examen ſein Licentiaten-Grad publicirt und er dann auf
einen weitern Antrag auf Grund dieſer Publication als „Magiſter in
der h. Theologie" proclamirt worden[1]).

Nach Tejaba S. 12 hatte Luis ſchon vorher den Grad eines
Maestro en Artes erworben[2]).

7. Schon vor ſeiner Promotion zum Magiſter hatte Luis als
Lector in ſeinem Kloſter (zu Salamanca und Alcala) und, wie es ſcheint,
als Baccalaureus auch ſchon an der Univerſität docirt[3]). Er war noch
nicht zwei Jahre Magiſter, als er bereits eine Profeſſur in der theologiſchen Facultät erhielt.

Es gab damals ſechs theologiſche Profeſſuren zu Salamanca: eine
für die Schriftauslegung (cátedra de Biblia oder de Escritura), drei, die
nach den großen Meiſtern der ſcholaſtiſchen Theologie, Thomas, Scotus
und Durandus, benannt waren, und zwei, welche nach der Tageszeit, zu
welcher ihre Inhaber laſen, cátedra de prima und de visperas hießen[4]).

---

1) Noch in demſelben Jahre 1560 wurde Luis in einen Streit darüber
verwickelt, ob er als Magiſter, auch ohne eine Profeſſur zu haben, an den Licen-
tiaten-Prüfungen theilnehmen dürfe. Der Streit wurde zu ſeinen Gunſten ent-
ſchieden. Die betreffenden Acten ſind bei Tejaba S. 20 abgedruckt, haben aber
kein weiteres Intereſſe.

2) Das Document S. 13, in welchem von der incorporacion del muy
reverendo Padre Maestro Fray Luis de Leon, Augustino, de Maestro
en Artes die Rede iſt, iſt aber vom 24. Oct. 1568 datirt. Nach dem Texte
müßte das ein Druckfehler ſein für 1558.

3) Im März 1574 (X. 560) ſagt er, er habe über 24 Jahre docirt, zuerſt in ſeinem Orden, dann an der Univerſität. Im Mai 1573 (X. 360) ſagt
er, er habe ſeit 14 Jahren (alſo wohl ſeit Ende October 1558, wo er als Baccalaureus incorporirt wurde) an der Univerſität ſcholaſtiſche Theologie geleſen. Wenn
er im Juni 1573 (X. 289) 12 oder 13 Jahre angibt, ſo werden dieſe von der
Magiſter-Promotion an zu zählen ſein, und wenn er im April 1572 (X. 198)
ſagt, er leſe ſeit beinahe 11 Jahren in Salamanca, ſo bezieht ſich das wohl auf
ſeine Ernennung zum Profeſſor.

4) Tejaba S. 58. Die cátedra de Durando hieß auch cátedra de
Gregorio Arimino (Tejaba S. 44), nach Gregor von Rimini, einem Commentator des Petrus Lombardus (Freib. Kirchenlex. VI, 586). Eine Profeſſur hieß
auch cátedra de súmulas (Tejaba S. 23). Die Inhaber dieſer ſechs Profeſſuren ſcheinen catedráticos de propriedad geheißen zu haben (Tejaba S. 91;
XI, 42); daneben werden catedráticos sin cátedra erwähnt. Die angeſehenſten
Profeſſuren ſcheinen die cátedra de Biblia (XI, 258) und de prima geweſen zu
ſein, danach die cátedra de visperas (Tejaba S. 24), dann die de Durando.

Ueber die Besetzung derselben ergibt sich aus den Proceßacten und den von Tejada mitgetheilten Actenstücken Folgendes: Die Professuren wurden immer nur auf vier Jahre verliehen; der bisherige Inhaber erhielt aber, wie es scheint, die Professur ohne Weiteres für ein neues Quadriennium, wenn kein Mitbewerber auftrat. Ebenso konnte ein Professor ohne Weiteres in eine vacant gewordene angesehenere Professur aufrücken, wenn sich kein Mitbewerber fand. Die Erledigung einer Professur wurde öffentlich bekannt gemacht und drei Tage bestimmt, an denen sich die Bewerber zu melden hatten. Diesen wurden dann, wie bei der Promotion, „Punkte" überwiesen, über welche sie vorzutragen und zu disputiren hatten. Darauf stimmten dann nicht, wie bei der Promotion, die Facultätsmitglieder, sondern die Studenten ab, und wer die meisten Stimmen erhielt, bekam die Professur. Die Studenten mußten, um abstimmen zu können, 14 Jahre alt und in der betreffenden Facultät inscribirt sein, und vorher schwören, daß sie mit den Bewerbern nicht verwandt, nicht bestochen seien u. s. w. [1]).

Wenn ein Professor seine Vorlesungen unterbrach, so trat ein anderer Professor oder Magister als Substitut ein. In einigen Fällen konnte der Professor seinen Substituten selbst bestimmen, in anderen scheint um diese Substitution eine ähnliche Bewerbung stattgefunden zu haben, wie um die Professur selbst [2]).

8. Im Jahre 1561 bewarb sich Luis um die cátedra de Biblia [3]), unterlag aber seinem Concurrenten Grajal. Da diese Professur neben der cátedra de prima die angesehenste in der theologischen Facultät gewesen zu sein scheint (XI, 258), so erscheint es auffallend, daß ein so junger Magister sich um dieselbe beworben haben sollte.

---

1) Vgl. Tejada S. 24, 44. Bei Luis' Bewerbung um die cátedra de Durando heißt es: tomó puntos, abriendo el libro de Durando por tres partes distintas, de las cuales eligió la distincion 17, cuestion 10 del cuarto libro. — Im April 1573 bewarben sich um die Professur des Durandus der Augustiner Pedro de Uceda und der Dominicaner Bartolomé de Medina. Letzterer protestirte gegen die Abstimmung, weil 21 Augustiner mitgestimmt hätten, welche erst seit Ostern immatriculirt und lediglich um dieser Abstimmung willen aus auswärtigen Klöstern nach Salamanca gekommen seien. Der Rector ordnete eine neue Abstimmung an, von welcher alle Mönche ausgeschlossen wurden.

2) Vgl. Tejada S. 31 u. XI, 323, wo die Acten über einen Streit zwischen Luis und Medina um die Vertretung Mancio's im J. 1566 mitgetheilt werden. Vgl. XI, 42.

3) Vor seiner Bewerbung lieh er von dem Fray Gabriel de Goldaraz exegetische Hefte, da es ihm selbst an solchen mangelte (X. 477).

Wahrscheinlich handelte es sich damals nicht um die Besetzung der Professur selbst, sondern um die Vertretung des Inhabers derselben; s. u. Nr. 11.

Am 24. Dec. 1561 erhielt er die Professur des h. Thomas, die durch das Aufrücken des Mag. Rivera de les Cuevas in eine andere Professur zur Erledigung gekommen war. Er hielt bei der Bewerbung auch einen Vortrag in spanischer Sprache (X, 395). Die Dominicaner opponirten ihm (XI, 330). Mayans (Biblioteca p. II) sagt, er habe sieben Mitbewerber, darunter vier Professoren, gehabt und sei mit einer Majorität von 53 Stimmen gewählt worden. Tejaba S. 23 nennt als Opponenten nur den Mag. Pedro (del) Espinar (der am 26. März 1565 Luis' Nachfolger in dieser Professur wurde), den Dr. Bravo und den Baccalaureus Francisco de Rivera; Luis selbst nennt auch den Mag. Rodriguez als Concurrenten (X, 100).

Nachdem Luis' Lehrer und Ordensgenosse Juan de Guevara in die cátedra de visperas aufgerückt war, bewarb sich Luis mit vier anderen Magistern um die dadurch vacant gewordene Professur des Durandus. Bei der am 16. März 1565 vorgenommenen Abstimmung der Studenten erhielt Luis 144 Stimmen, (Diego) Rodriguez (X, 100) 123, Espinar 30, Cristoval Vela (XI, 305; er war damals erst 31 Jahre alt) 28, Bravo 11 (Tejaba S. 24). Nach Ablauf des Quadrienniums erhielt Luis 1569 diese Professur zum zweiten Male; im März 1573, während Luis' Gefangenschaft, lief dieses zweite Quadriennium ab (X, 252; Tejaba S.44; s. u. Nr. X, 1). Auch Dr. Barrio im Collegium S. Bartolomé, später Canonicus zu Siguenza, war (wie es scheint, zweimal) Luis' Mitbewerber.

Unter den Abschnitten der scholastischen Theologie, über die er gelesen, nennt Luis X, 188 ff. folgende: de libero arbitrio (zweimal), de angelis, de eleemosyna, de praedestinatione, de eucharistia, de fide (zugleich über die Bibel und ihre Uebersetzungen), de legibus, ferner (nach X, 395) de gratia et iustificatione, über die Verheißungen des alten Gesetzes und (nach X, 546) de statibus (auch über das Ordensleben).

Außer den regelmäßigen Vorlesungen (täglich eine Stunde, Tejaba S. 58) scheint Luis zu Zeiten außerordentliche gehalten zu haben. Er sagt, er habe zu Zeiten zwei Vorlesungen gehalten (XI, 289)[1]), und er

---

1) Wilkens S. 65 sagt zu allgemein: „Regel war für jeden Docenten täglich Eine Vorlesung, Luis übernahm zwei." Unrichtig ist die folgende Angabe: „Ununterbrochen docirte er von San Francisco bis San Luca." Mit St. Lukas (18. Oct.) begann das Semester.

habe einmal „eine außerordentliche Vorlesung über die phrases der h. Schrift lesen wollen" (X, 474).

Die Angabe, Luis habe vor seiner Verhaftung den Lehrstuhl der Exegese innegehabt[1]), ist unrichtig. Er sagt selbst, er habe bis zum Jahre 1572 niemals über Exegese oder über etwas anderes als scholastische Theologie gelesen, mit einziger Ausnahme der Vorlesung bei seiner erfolglosen ersten Bewerbung (X, 361).

9. Ueber seine Vorträge sagt Luis in einer seiner Vertheidigungsschriften (X, 386): „Seit hundert Jahren hat kein Lehrer der Theologie in Salamanca sich so wie ich bemüht, die heilige Menschheit Christi zu verherrlichen. Das können die Jesuiten in Salamanca bezeugen. Die Meinung des Scotus, daß das Wort auch Fleisch geworden sein würde, wenn Adam nicht gesündigt hätte, wurde an der Universität nur von den Franciscanern gelehrt. Ich habe in meiner Vorlesung Bibelstellen und Gründe, die kein Theologe gefunden hatte, dafür vorgebracht, daß diese Meinung sehr probabel und wahr sei; und seitdem wird sie in Salamanca von Allen vertheidigt, welche Thesen über diesen Punkt aufstellen. Die Dominicaner sind sehr erzürnt über mich, daß ich in diesem Punkte die Meinung des h. Thomas verlassen habe. Auch die Ansicht, daß Christus uns nicht bloß die erste Gnade, sondern auch die Dispositionen derselben, die ihr vorhergehen, verdient habe, habe ich zuerst an der Universität gegen Driedon und Soto vertheidigt. Desgleichen die Ansicht Cajetans, daß Christus nicht bloß die Gnade, die den Menschen, sondern auch die, welche den Engeln zu Theil wird, verdient habe, und die Ansichten, daß Christus die causa meritoria unserer Prädestination sei, daß Gott mit Rücksicht auf Christus die Menschen und die Engel und die ganze Welt geschaffen habe, und manche andere[2]).

. . ———— .

1) Menbibil II, 460. Ticnor I, 470. Unsinnig Die voll. Gattin S. 8: „Er erhielt die Stelle, die für die Erklärung des h. Thomas gestiftet war, und wurde so in der Folge der erste Professor der h. Schrift genannt." Sacrorum librorum primus apud Salmanticenses interpres wird Luis in der Grabschrift und auf den Titeln seiner lateinischen Schriften genannt.

2) X, 467 steht eine kurze, unter Luis' Papieren gefundene Erörterung der Frage, ob Maria mehr Gnade habe, als alle Heiligen zusammen. Sie schließt: es könne nicht bewiesen, aber pie et probabiliter behauptet werden, habitum gratiae et actum visionis beatissimae Virginis superare reliquorum sanctorum omnes gratias et visiones in unum collectas. Ita opinor, et fortasse in eo fallor.

An einer andern Stelle erzählt er, in der ersten Vorlesung nach dem Beginne des Semesters (St. Lukas, 18. Oct.) 1571 habe er Veranlassung gehabt, „als Antwort auf einen (wohl auf den Katheder gelegten) Zettel," auseinander zu setzen, daß man, um die h. Schrift zu verstehen, namentlich drei Dinge kennen müsse: die scholastische Theologie, das was die Heiligen (Kirchenväter) geschrieben und die hebräische und griechische Sprache (X, 361).

Die Zahl seiner Zuhörer gibt Luis einmal auf mehr als 200 an (X, 293), ein anderes Mal (für die Vorlesung über die Vulgata) auf mehr als 300 (XI, 56). Ein anderes Mal sagt er, er habe mit so vielen Beifall und vor so vielen Zuhörern gelesen, wie irgend einer seiner Concurrenten (X, 360). Wiederholt sagt er, seine Zuhörer seien ihm sehr zugethan gewesen (XI, 192); sie hätten alles, was er vorgetragen, für ein Orakel gehalten (X, 428). Studenten sagten auch, Luis würde bei jeder Bewerbung um eine Professur, namentlich um die der Exegese, alle Mitbewerber, namentlich die Dominicaner, besiegen können (XI, 258. 279. 301. 303. 312).

Wenn Wilkens sagt (S. 76): so langsam zu sprechen, daß es ein Dictiren geworden, sei verboten gewesen, so stützt sich diese Angabe wohl auf die Aussage eines Studenten (X, 56): Grajal habe sehr rasch gesprochen und, wenn die Zuhörer ihn gebeten, das Gesagte zu wiederholen, damit sie nachschreiben könnten, bemerkt, das Dictiren sei durch den Rath (consejo) verboten. Luis selbst sagt (XI, 134): „In dem Hefte (über die Vulgata) steht nur das, was ich dictirend sagte; der Docent, welcher dictirt, pflegt aber das Dictat, nachdem die Zuhörer es geschrieben und während sie es schreiben, ausführlicher und in verschiedenen Wendungen zu erklären. So habe ich es bei jener Vorlesung immer gehalten." Ein anderes Mal sagt er, wenn überhaupt in Salamanca auf 10 Studenten, welche richtig nachschrieben, 200 kämen, die schlecht nachschrieben, so treffe das bei ihm besonders zu, weil er rascher vortrage als andere Docenten und nicht dasselbe mit anderen Worten wiederhole (X, 569). Auch Luis' schwache Stimme gab oft Veranlassung zu der Klage der Studenten, sie verstünden ihn nicht (X, 310). Der Scherz über die Inquisition, von dem Wilkens S. 71 berichtet, er sei in den Vorlesungen häufig vorgekommen, kam übrigens nur einmal bei einem Actus vor. Es handelte sich um die brüderliche Zurechtweisung von Häretikern, und Luis sagte: wenn er von einem Freunde durch langjährigen Umgang wisse, daß sich derselbe in allem nach seinem Rathe richte, und wenn er dann von diesem höre, daß derselbe aus Unwissenheit in einen Irrthum gerathen sei, so würde er ihn darauf auf-

nannt, X, 145 Grajales) ift ohne Zweifel der Gafpar Grajar, von
dem Nic. Antonio I, 526 [1]) fagt, er fei zu Löwen Licentiat, zu Sa=
lamanca Magifter, 1561 Stellvertreter des Dominicaners Gregorio Gallo
in der Profeffur der Exegefe, dann Abbas S. Jacobi de Pennalba
ecclesiae Asturicensis geworden und habe zu Salamanca 1570 einen
Commentar zum Michäas herausgegeben. Von dem Proceß gegen Grajal
fagt Antonio nichts; auch Llorente erwähnt ihn nicht. — Gregorio
Gallo, den Nic. Antonio I, 697 als berühmten Exegeten zu Sala=
manca bezeichnet, war der Bruder von Luis' Collegen Juan Gallo und
wird identifch fein mit dem Don Gregorio Gallo, der 1560 Maestre
escuela de Salamanca war (Tejada S. 14), und mit dem in den
Proceßacten (XI, 261. 277) erwähnten Bifchof Gallo. Wenn nicht
Antonio's Angabe, Grajal fei 1561 Gallo's Stellvertreter geworden,
in „Gallo's Nachfolger" zu corrigiren ift, müßte angenommen werden,
daß Gallo, vielleicht nach feiner Ernennung zum Bifchof, die Profeffur
nominell behalten und einen Supplenten bekommen hätte [2]), der thatfäch=
lich ganz an feine Stelle trat. Denn Grajal hieß feit 1561 catedrático
de Biblia. Er war diefes auch noch bei feiner Verhaftung im März
1572 (X, 138). Ueber den Ausgang feines Proceffes finde ich keine
Angaben [3]). Er fcheint aber freigefprochen worden zu fein; da er in
den Proceßacten nie als Abt bezeichnet wird, wird er diefes erft fpäter
geworden fein.

Ueber fein Verhältniß zu Grajal erzählt Luis (X, 326) folgendes:
Grajal und ich waren (1561) Concurrenten um die Profeffur der Exegefe.
Er erhielt diefelbe, hat mich aber bei meinen anderen Bewerbungen fo freund=
lich unterftützt, daß ich, als ich es erfuhr, feinen Umgang fuchte. Ich habe
ihn als einen liebenswürdigen und aufrichtigen Mann kennen gelernt.
Wir haben viel mit einander verkehrt, nicht als Gelehrte, fondern als
perfönliche Freunde; über wiffenfchaftliche Fragen habe ich in den vielen
Jahren unferer Freundfchaft, abgefehen von öffentlichen Acten, höchftens
drei= oder viermal mit ihm verhandelt. In den Acten und Sitzungen
fprach er fich in Folge eines natürlichen Mangels (tiene falta de lengua)

---

1) Danach nennt ihn auch Hurter I. 55, der feinen Commentar zum
Michäas erwähut, Gafpar Grazar.

2) Damit ftimmt der Ausdruck XI, 263, daß Hector Pinto se opuso á
la *substitucion* de Biblia que vacó por el cuadriennio, con el maestro
Grajal. Das wird 1565 oder (wahrfcheinlicher) 1569 gewefen fein.

3) Die Acten des Proceffes gegen Grajal und Martinez befinden fich in
der Biblioteca nacional zu Madrid; Tejada S. 84.

mitunter nicht deutlich aus, und da habe ich denn wohl zu den Magistern, die ihm opponirten, gesagt: „Der Herr Magister scheint mir dieses sagen zu wollen" ꝛc., womit dann die Differenz ausgeglichen war. — Ein An= klagepunkt gegen Grajal, der in den Proceßacten wiederholt erwähnt wird, war die Behauptung, er habe gelehrt, im Alten Testament würden nur irdische Belohnungen, nicht das ewige Leben verheißen. So hatte Grajal gewiß nicht gelehrt. Luis sagt zwar, er sei bezüglich dieser Frage nicht ganz mit Grajal einverstanden gewesen, aber auch, derselbe habe, als er 1569 in Folge von Aussagen von Studenten darüber angefeindet wurde, seine Ansicht so entwickelt, daß die anderen Facultätsmitglieder sie unbedenklich gefunden hätten. Grajal wird gelehrt haben, die Hin= weisung auf die jenseitige Vergeltung trete im A. T. hinter der Hin= weisung auf die diesseitige zurück (X, 57. 199. 218. 223. 304. 355; XI, 287). — Grajal wurde früher als Luis, vor dem 13. März 1572 verhaftet (X, 130. 138).

Martin Martinez, aus Cantalapiebra (XI, 259) in der Diöcese Salamanca[1]), war catedrático de hebreo (X, 299). Luis bezeichnet auch ihn wiederholt als seinen Freund, wiewohl er ihm nicht so nahe stand wie Grajal (X, 318). Er sagt, er habe nicht viel mit ihm ver= kehrt, ihn oft in einem oder zwei Jahren nicht gesprochen. Er rühmt von ihm, er sei in den Kirchenvätern am meisten unter allen Professoren in Salamanca belesen gewesen (X, 227). Wann er verhaftet wurde, wird nicht genau angegeben; jedenfalls war er am 20. Mai 1572 bereits im Gefängniß (X, 136). — Martinez hatte 1571 zu Salamanca In= stitutiones linguarum hebraicae et chaldaicae (in Octav) herausgegeben und schon 1565 (in Folio) Hypotyposeon theologicarum sive regularum ad divinas scripturas intelligendas libri X. Die Angabe Llorente's, Martinez sei wegen dieses Buches und als des Lutheranismus verdächtig, weil er den Grundtext der Bibel den Uebersetzungen vorgezogen, von der Inquisition verfolgt worden, ist bezüglich des „Lutheranismus" wohl bei Martinez ebenso unrichtig, wie bei Luis (s. No. IX, 2). Die Hypotyposes aber werden in den Proceßacten wiederholt erwähnt: im Mai 1572 lassen die Inquisitoren ein Exemplar von Salamanca nach Valladolid kommen (X, 136); Leon de Castro und der Jesuit Remon Vique nehmen bei ihrem Verhör im Juni 1572 darauf Bezug (X, 48. 50); ersterer hatte eine ganze Reihe von irrigen Sätzen darin gefunden und tadelte namentlich, daß Martinez die Uebersetzung der Septuaginta und

---

1) Daher Cantapetrensis (nicht Cantipratensis, wie Hurter I, 56 angibt); Nic. Antonio II, 105. Llorente II, 483.

die Auslegung der Kirchenväter nicht gebührend respectire. Außerdem wurden Martinez irrige Aeußerungen über die Verheißung des ewigen Lebens, über das Hohe Lied und über die Vulgata zur Last gelegt (XI, 50. 55. 67. 81). Wie lange seine Haft dauerte, erhellt aus den Proceßacten nicht. Nach Llorente wurde ihm eine Abschwörung de levi, eine Pönitenz und die Pflicht, nicht mehr zu schreiben, aufgelegt. Von den Hypotyposes ließ die Inquisition zu Salamanca 1583 eine purgirte Ausgabe veranstalten[1]); die frühere Ausgabe steht auf dem römischen Index (unter Hypotyposeon).

Nic. Antonio sagt, Martinez sei der erste gewesen, der zu Salamanca seit der Gründung der Universität die Bibel „in den drei Sprachen" erklärt habe [?][2]). — Im Januar 1573 wird der Magister Cristoval de Madrigal, 37 Jahre alt und seit zwanzig Jahren mit Luis bekannt, als sostituto de la cátedra de hebreo erwähnt (XI, 308; XI, 256 heißt er regente de hebreo); dieser scheint auch schon vor Martinez' Verhaftung Hebräisch docirt zu haben (X, 68).

Nic. Antonio erwähnt I, 591 einen Hieronymus Muñoz aus Valencia, der erst in seiner Geburtsstadt, dann zu Salamanca Professor des Hebräischen und der Mathematik war; wann, gibt er nicht an, erwähnt aber eine 1566 zu Valencia gedruckte mathematische Schrift desselben. Es ist fraglich, ob dies der Dr. Muñoz ist, dem Luis bei der Bewerbung um eine Professur zu Gunsten des Mag. Ojeda entgegentrat, und den er als Zänker bezeichnet, welcher überall, wo er gewesen, zu Siguenza, Alcala und Salamanca, Unfrieden gestiftet habe (X, 101; XI, 364).

Decan der theologischen Facultät war zu Luis' Zeit, wahrscheinlich seit Domingo Soto's Tode 1560 (s. o. S. 39) Francisco Sancho. Er war zugleich Commissar der Inquisition und wird im Proceß sehr oft erwähnt; vgl. auch No. V. Er war als Theologe des Bischofs von Salamanca zu Trient gewesen (im offiziellen Verzeichniß: Franc. Sancius,

---

1) *Possevinus*, Bibliotheca sel. l. 2, c. 15. 18. — Das Werk wird von Basilio Ponce de Leon (bei Tournemine III, 140. 143, s. o. S. 25 Anm. 1) wiederholt citirt. Es ist 1771 zu Madrid (in Folio) nochmals gedruckt worden (Antiq. Catalog von Scheuring in Lyon, Juni 1872).

2) Nic. Antonio I, 35 und Quetif II, 167 erwähnen einen Dominicaner Alphonsus Martinez (bei Quetif Alphonsus Manrique, aliis vulgo Martinez), der um 1558 „geblüht" und im Auftrage der Inquisition eine censura der Bibel des Vatablus geschrieben haben soll, nach welcher letztere emendirt worden sei. Das beruht wohl auf einer Verwechselung mit unserm Martinez; s. No. V.

Decanus Fac. theol. et Canonicus Salmanticensis, cum Rev. Salmanticensi). Im Januar 1573 war er in Rom (XI, 296). Eine theologische Professur scheint er nicht bekleidet zu haben; er wird wenigstens in den mir vorliegenden Quellen nie als Inhaber einer solchen bezeichnet. Dagegen erwähnt Tejada S. 60, am 23. Juni 1578 sei durch den Tod des Francisco Sancho, Bischofs von Segorve — der ja wohl mit unserm Sancho identisch sein wird — die Professur der Philosophia naturalis zur Erledigung gekommen. Im J. 1577 war übrigens bereits Robriguez Decan (f. u.)

Der Dominicaner Mag. Juan Gallo, aus Burgos, geb. um 1522, der Bruder des Bischofs Gallo, bewarb sich erfolglos mit Guevara um die catedra de visperas (f. o. S. 38); der Bischof behauptete, Luis sei hauptsächlich Schuld daran, daß sein Bruder durchgefallen sei (XI, 241. 277. 305. 314. 329). Juan Gallo war übrigens 1572 Professor der Theologie; es wird nicht angegeben, welche Professur er bekleidete. Er wurde als Zeuge gegen Luis vernommen (X, 23), später auch auf dessen Antrag als Schutzzeuge (XI, 318). Es ist derselbe Gallo, der als Theologe Philipps II. 1561—1563 zu Trient war (im offiziellen Verzeichniß steht er unter Theologi missi a Philippo II. rege catholico als Fr. Joan. Gallo Hispanus Ord. Praed.). Erst nach dieser Zeit, wie es scheint 1565, kam er nach Salamanca (XI, 318). 1571 war er als Definitor auf dem Ordenscapitel zu Rom (f. No. V). Er starb 1577 zu Salamanca. Gedruckt ist von ihm nur Oratio de laudibus S. Thomae, Tridenti ad Patres habita, Brixiae 1563[1]).

Der Mag. Diego Robriguez, welcher Luis bei der Bewerbung um die Professuren des h. Thomas und des Durandus unterlegen war (f. o. S. 45), war 1572 und noch 1577 catedrático de Santo Tomas. Luis hatte bei einem Actus Streit mit ihm gehabt, worüber er sich bei dem Augustiner-Prior beklagte. Auch nach seiner Freilassung gerieth Luis mit Robriguez, der damals Decan der Facultät und der älteste Magister war (Tejada S. 58), in Conflict (f. u. No. X).

Der berühmte Dominicaner Domingo Bañez (der Name wird in den Proceßacten auch Ibañez oder Ybañez geschrieben X. 478. 440) war Luis' Mitbewerber bei einer substitucion de visperas (XI, 262). Er docirte im Dominicanerkloster zu Salamanca (X, 262), dann zu Avila (wo er auch Beichtvater der h. Theresia war), Alcala und Valladolid. Im J. 1576 bewarb er sich zu Salamanca um die durch Me-

---

1) Nic. Antonio II, 697. Quetif II, 246. Llorente III, 72.

dina's Beförderung zum catedrático de prima erledigte cátedra de Durando, unterlag aber seinem Mitbewerber, dem Abt Garcia del Castillo. Nach dessen Tode 9. April 1577 erhielt er die genannte Professur und im Februar 1581 nach dem Tode Medina's die cátedra de prima (Tejada S. 46). Er starb 1594, 77 Jahre alt [1]. Seine Controverse mit Molina fällt in die Zeit nach Luis' Tode. Er wurde als Zeuge gegen Grajal und Martinez vernommen, nicht gegen Luis, wenigstens nicht so, daß sein Zeugniß publicirt wurde (X, 47); Luis' Vermuthung, er sei unter den Zeugen (X, 440), war irrig. Luis erwähnt eine Ansicht von Bañez bezüglich der Gnadenlehre, die er mit anderen Theologen für irrig halte (X, 202, vgl. 478); „darum, fügt er bei, halte ich aber den Fray Domingo nicht für einen Ketzer, sondern für einen guten Ordensmann."

Der Hieronymit Hector Pinto wollte an der Universität Salamanca Exegese lesen [2]. Luis war gegen die Ertheilung der Erlaubniß, obschon Pinto, falls Luis seinen Widerspruch fallen lasse, sich verpflichten wollte, nicht als dessen Mitbewerber um die Professur der Exegese aufzutreten. Später bewarb sich Pinto mit Grajal um diese Professur; Luis unterstützte letztern und Pinto fiel durch. In Folge davon waren die Hieronymiten unwillig über Luis und beklagten sich über ihn bei seinem Prior (XI, 262. 263. 277. 320). — Es ist dieses ohne Zweifel der bekannte Exeget Hector Pinto [3] aus Covilhao in der portugiesischen Provinz Beira, der Professor zu Coimbra war, dann zu Cisla bei Toledo lebte, wo er 1584 starb [4].

Von den Professoren der anderen Faculäten war mit Luis namentlich der Mag. Francisco Salinas befreundet. Derselbe war

---

1) Quetif II, 352. Hurter I, 268. Wenn Doc. V, 364 Bañez schon 1576 als catedrático de prima zu Salamanca bezeichnet wird, so war er damals wohl nur Supplent Mancio's, s. o. S. 38.

2) Nach den Actenstücken bei Tejada S. 26 hatte Pinto durch einige Studenten seiner Nation (Portugiesen) eine Petition um seine Anstellung an der Universität in Umlauf gesetzt, die von Studirenden meist anderer Faculäten unterschrieben wurde. Eine königliche „Provision" verordnete dann, Pinto eine Professur — un partido, wie auch die Luis nach seiner Befreiung übertragene außerordentliche Professur bezeichnet wird — zu geben. Der Streit darüber fällt in das Jahr 1567—68, also Pinto's Bewerbung um die (Stellvertretung in der) ordentlichen Professur der Exegese (s. o. S. 50 Anm. 2) wohl in das Jahr 1569.

3) Er gab heraus Commentare zu Isaias 1561, Ezechiel 1570, Daniel 1581, Klagel. und Nahum 1574.

4) Nic. Antonio I, 562. Hurter I, 159. Von seinen Versuchen, an die Universität zu Salamanca zu kommen, erwähnen beide nichts.

aus Burgos gebürtig, seit seinem zehnten Jahre erblindet (XI, 303 wird bei seinem Verhör bemerkt, er habe das Protocoll nicht unterschrieben *por defecto de ser ciego*), Professor der Musik zu Salamanca (XI, 15), ein angesehener Mathematiker, Musiker und Dichter. Er schrieb einen Folioband *de musica libri VII*, Salamanca 1577. Er starb, 77 Jahre alt, 1590 [1]). Im Januar 1573 als Schutzeuge in Luis' Proceß vernommen, sagt er aus, er kenne Luis seit sechs Jahren, derselbe habe ihn oft besucht, bei ihm *la especulativa* gehört und ihm Gedichte und *otras cosas de arte* mitgetheilt. Eins von Luis' Gedichten ist an ihn gerichtet.

Der berühmte Philologe F r a n c i s c o S a n c h e z *de las Brozas* (*el Brocense*, so genannt von seinem Geburtsorte Las Brozas in Estremadura, lateinisch Sanctius Brocensis), der Verfasser der *Minerva* (Salamanca 1587), auch als Commentator der Werke des Garcilaso de la Vega verdient, geboren 1523, seit 1554 Professor an der Universität Salamanca, — er starb dort 1601 [2]), — wird als *Lic. Francisco Sanchez, retorico* (Prof. der Rhetorik), oder als *Lic. Sanchez el retorico* in den Proceßacten erwähnt. Er wurde 1573 auf Luis' Antrag als Zeuge vernommen (XI, 256. 297), und sagte aus, er kenne Luis seit fünf Jahren und sei dessen Freund. Sanchez hatte selbst wiederholt Händel mit der Inquisition [3]). — M a y a n s berichtet, Sanchez, Don Juan de Almeida und Don Alonso de Espinosa hätten Luis einmal drei von ihnen gefertigte Uebersetzungen einer Horazischen Ode (I, 14) zur Beurtheilung vorgelegt; Luis habe ihnen eine vierte, von ihm selbst gefertigte Uebersetzung gesandt (*Biblioteca* p. XII). Das muß vor Luis' Proceß gewesen sein; denn Don Juan de Almeida, — er war 1567 bis 68 (als Student?) Rector der Universität (Tejada S. 26; XI, 262); Luis bezeichnet ihn als seinen Gönner (X, 320); M a y a n s nennt ihn *poeta laureado*, — wurde 1572 von Luis als Zeuge vorgeschlagen (XI, 257), war aber im Januar 1573 schon gestorben (XI, 296). Vgl. S. 30.

Mehrere Freunde, an welche einzelne von Luis' Gedichten gerichtet sind, werden in den Proceßacten nur beiläufig erwähnt als von Luis vorgeschlagene Schutzeugen. So Felipe Ruiz (XI, 261) und Don Pedro Portocarrero (XI, 259). Letzterm widmete Luis seine Gedichtsammlung und andere Werke; s. o. S. 24. 27. 29 [4]).

---

1) Nic. Antonio I, 472.

2) *Michaud*, Biographie universelle t. 37, 610.

3) Llorente II, 430; Tidnor I, 367. Die Proceßacten befinden sich in der Biblioteca nacional zu Madrid; Tejada S. 84.

4) Von F. Ruiz und Juan Grial stehen lateinische Gedichte vor der zweiten Ausgabe von Luis' Erklärung des Hohen Liedes; s. o. S. 23, Anm. 1.

12. Ueber Luis' Betheiligung an Ordens-Angelegenheiten finden sich in den Acten folgende Data: Im Jahre 1569 war ein Provincial zu wählen. Der bisherige Provincial Francisco Serrano hatte den Fray Gabriel de Montoya zu seinem Nachfolger ausersehen und hatte bei der bisherigen Wahlform, wonach öffentlich abgestimmt wurde, alle Aussicht, seinen Wunsch durchzusetzen. Montoya gerirte sich schon vor der Wahl als zukünftiger Provincial. Luis bestand auf geheimer Abstimmung, brachte Gutachten zu Gunsten einer Aenderung des Wahlmodus bei und erwirkte ein Schreiben des Königs in diesem Sinne. So wurde Montoya nicht gewählt (XI, 334. X, 369; er war 1572 Prior zu Toledo X, 31). Luis hielt diesen darum für feindlich gesinnt (X, 366); andere Mönche bezeichneten ihn als einen rachsüchtigen Mann (XI, 346). — Bei einem frühern Provincialcapitel (1562?) bei, welchem Luis als Definitor zugegen war, machte er sich Zuñiga zum Feinde (s. o. S. 42). — Einmal hatte Luis im Auftrage des Provincials Diego Lopez ein Nonnenkloster zu Madrigal zu visitiren, bei welcher Gelegenheit er die Absetzung des Vicars der Nonnen, des Augustiners B. Carrero, bewirkte (XI, 265). — Andere Ordensangelegenheiten, bei denen Luis eine Rolle spielte, werden XI, 335—338. 342—347 angedeutet.

Als Prediger scheint Luis selten aufgetreten zu sein. In den mir zugänglichen Quellen ist von seiner Predigt-Thätigkeit nicht die Rede, und ob die im 5. Bande der Obras und in der Madrider Handschrift enthaltenen Predigten (s. o. S. 29. 32) von ihm sind, ist sehr zweifelhaft. Von den drei lateinischen Reden (s. o. S. 25) wird die auf den h. Augustinus in den Proceßacten erwähnt. Auf die Beschuldigung, er habe geäußert, Augustinus verstände die h. Schrift nicht, antwortet Luis (X, 440): „Wie kann überhaupt Jemand das von dem h. Augustinus sagen, da er einer der vier großen Kirchenlehrer ist? Noch viel weniger ist zu glauben, daß dies ein Mönch seines Ordens gesagt haben sollte. Eine lateinische Predigt, die ich an seinem Feste an der Universität zu Salamanca gehalten, beginnt mit den Worten: De divo Augustino, incredibili et plane divina sapientia viro, orationem habiturus etc. Diese Predigt befindet sich unter meinen Papieren."

Als Beichtvater wird Luis XI, 313. 332 erwähnt. Andeutungen über Angelegenheiten von Familien, in die er verwickelt war, finden sich XI, 332. 333. 338.

Ob die Angabe richtig ist, Luis habe sich auch mit Malerei beschäftigt und unter anderm sein eigenes Porträt gemalt [1]), weiß ich nicht.

---

1) Tejada S. 14 beruft sich dafür auf Pacheco (Semanario español

13. Daß Luis schon vor seiner Verhaftung kränklich war, sagt er wiederholt (X, 368). — Von seinem Leben überhaupt sagt er (X, 386): „Ich bin voll Fehler und Sünden, mehr als irgend Jemand; aber ich habe mit vierzehn Jahren das Ordenskleid genommen, welches ich trage, und die dreißig Jahre, welche ich Mönch bin, habe ich immer an meinem Orden (religion) festgehalten und mit Studien und löblichen Uebungen zugebracht, und Niemand in dem Orden hat sich so mit Studien beschäftigt und abgemüht und, obschon ich so schwächlich und kränklich bin, regelmäßiger gelebt als ich." Aus einigen Versen seiner Gedichte zu schließen, Luis sei vor seinem Eintritt in den Orden „vielleicht einen Augenblick durch die Verblendungen der Jugend verführt worden"[1]), ist sehr bedenklich. — An einer andern Stelle (XI, 193) sagt er: „Wenn drei mir feindlich gesinnte Menschen mich verdächtigt haben, so steht auf der andern Seite die notorische gute öffentliche Meinung von meiner Person und Lehre und das Zeugniß zahlloser Leute, die mit mir verkehrten und mich viel besser kannten als die besagten Zeugen, und die unvergleichlich viel mehr Urtheil, Gelehrsamkeit und Autorität besitzen als jene." Auffallend klingt dem gegenüber die Aeußerung in der Widmung der Gedichtsammlung an Don Pedro Portocarrero (VI, 2): „Ich liebe es von Natur so sehr, verborgen zu leben, daß es in diesem Reiche, obschon ich vor vielen Jahren hieher gekommen bin, so wenige gibt, die mich kennen, daß man sie an den Fingern herzählen kann." Meint Luis damit genaue Bekannte, oder bezieht sich dies — der Brief ist leider nicht datirt — auf die Zeit nach seinem Proceß, wo er zurückgezogener gelebt haben mag?

14. Während seiner Lehrthätigkeit vor der Gefangenschaft war Luis wiederholt auf einige Zeit von Salamanca abwesend. Im Jahre 1562 oder 1563 reiste er in den Ferien im September über Valladolid nach Granada, um seine Mutter zu besuchen (X, 378). Im October 1568 war er in Madrigal (X, 67). Im Jahre 1570 war er von Februar bis October von Salamanca abwesend; er war in Universitäts-Angelegenheiten an den Hof gesandt; außer in Madrid war er in dieser Zeit auch in Cordoba (X, 199. 524). Im Anfange des Jahres 1571 war er in Familien-Angelegenheiten in Belmonte (X, 524).

1844). — In Salamanca existirte ein Porträt von ihm; es ist copirt in Virorum illustrium ex Ordine Eremitarum D. Augustini elogia cum singulorum expressis ad vivum iconibus, auctore *Fr. Cornelio Curtio*. danach im Parnaso español, Madrid 1771, in der Ausgabe der Auslegung des B. Job von 1779, in der Ausgabe der Auslegung des H. L. von 1798 und im Tesoro de escritores misticos, Paris 1847 (s. o. S. 28); Tejada S. 84.

1) Die voll. Gattin S. 7.

V. Die Bibel des Vatablus.

1. Die theologische Facultät zu Salamanca wurde wiederholt von der Inquisition mit der Censur von Büchern und ähnlichen Dingen beauftragt (X, 22. 193. X, 197). Luis schreibt (X, 560) das unfreundliche Verhältniß der beiden Facultäten zu Alcala und Salamanca namentlich dem Umstande zu, daß die Inquisition Sachen, die schon in Alcala censurirt waren, nach Salamanca gesandt, daß die Theologen zu Salamanca die Censuren der Theologen zu Alcala corrigirt und die Inquisition dann das Gutachten von Salamanca adoptirt habe; das sei namentlich bei dem Buche des Johannes Ferus (s. Freib. Kirchenlex. IV, 42) geschehen und bei einem andern Buche und Sätzen, welche der König und der Erzbischof Fernando Valdes von Sevilla nach Salamanca gesandt hätten. Luis versichert an einer andern Stelle (XI, 289), er habe sich an den Arbeiten, welche die Inquisition der Facultät übertragen, fleißiger, eifriger und ausdauernder betheiligt, als irgend ein anderer Magister. Noch im October 1571 war Luis mit Sancho, Grajal, Medina und Leon de Castro im Auftrage des obersten Inquisitionsrathes bei Verhandlungen über den Index betheiligt (X, 397. 421).

2. Unter den von der Inquisition der theologischen Facultät zu Salamanca übertragenen Arbeiten kommt bei Luis' Proceß die Revision der sog. Bibel des Vatablus in Betracht. Vatablus selbst (Professor der hebräischen Sprache zu Paris, † 1547) hat von seinen Arbeiten über die h. Schrift nichts herausgegeben. Einer seiner Zuhörer stellte aber aus seinen Vorlesungen kurze Noten zusammen, welche Robert Stephanus in seiner Ausgabe der lateinischen Bibel vom Jahre 1545 veröffentlichte. In dieser Bibel-Ausgabe ist neben der Vulgata noch eine andere lateinische Uebersetzung abgedruckt, die man irrig auch für eine Arbeit des Vatablus gehalten hat; es ist die sog. Züricher Bibelübersetzung (von Leo Jud u. A., s. Herzogs Real-Encyclop. XVII, 451). Da in den Noten durch die Schuld des Excerptors calvinistische Ansichten vorkamen, wurde die Bibelausgabe von der Pariser theologischen Facultät censurirt und Stephanus von Vatablus wegen Fälschung verklagt (Freib. Kirchenlex. XI, 565). In Spanien wurde die Ausgabe durch die Inquisition verboten. Vermuthlich auf Veranlassung von Theologen zu Salamanca reichte der dortige Buchhändler Gaspar de Portonariis bei der Inquisition zu Madrid ein Gesuch ein, es möge ihm gestattet werden, die Bibel des Vatablus, da sie für Gelehrte sehr nützlich sei, neu zu drucken, nachdem sie von den darin enthaltenen Irrthümern gesäubert sei. Die Inquisition

beauftragte unter dem 1. Februar 1569 ihren Commissar zu Salamanca, Mag. Francisco Sancho, in Verbindung mit der theologischen Facultät die Revision zu besorgen [1]).

3. Bei den darüber stattfindenden Conferenzen führte Sancho den Vorsitz; außer Luis nahmen sonst noch daran Theil die Magister Leon de Castro, Grajal, Martinez, Bravo (war 1572 schon gestorben), Juan Gallo (war eine Zeit lang in Rom, XI, 319), Juan de Guevara und Puente (XI, 372). Luis behauptet X, 323, Medina habe an den Conferenzen nicht Theil genommen, da die Revision vor Ende 1569 beendigt worden, Medina aber erst im Februar 1570 Magister geworden sei. Später berichtigt er dieses dahin, daß Ende 1569 die Revision des Alten Testamentes, erst im Januar 1571 die des N. T. beendigt worden sei (X, 523); an letzterer hat also Medina theilgenommen. Außer ihm haben die Approbation auch noch andere, von Luis nicht genannte Magister unterzeichnet (X, 521). Die oben Genannten sind also wohl hauptsächlich bei der Revision des A. T. mit thätig gewesen. Die einzelnen Theile des Werkes wurden unter die verschiedenen Magister vertheilt, die dann darüber in den Conferenzen zu referiren hatten; so referirte Castro über die Psalmen (X, 10).

4. In den Conferenzen ging es mitunter stürmisch her (X, 13. 212). Namentlich kam es wiederholt zu Disputationen zwischen Luis und Castro, welcher manche Deutungen des Vatablus als jüdisch oder den Kirchenvätern widersprechend oder sonstwie unzulässig beseitigt haben wollte, von welchen Luis meinte, sie dürften stehen bleiben. Luis berichtet, Sancho und die meisten anderen Magister hätten durchgängig sich auf seine Seite gestellt (X, 348). Castro behauptet, Magister Gallo sei ein- oder zweimal hinausgegangen, um Feder und Dinte zu holen und bedenkliche Aeußerungen von Luis, Grajal und Martinez aufzuschreiben; diese hätten dann aber in kluger Weise eingelenkt (X, 13. 267). Luis bestreitet dieses (X, 297) und Gallo bestätigt es nicht, sagt aber, man sei heftig an einander gekommen (X, 13).

5. Ueber den Verlauf der Revisionsarbeit im Allgemeinen ist aus Luis' Berichten folgendes zu entnehmen. Man einigte sich beim Beginne der Arbeit über folgende Grundsätze, welche Luis unter Bezugnahme auf eine Regel des h. Augustinus formulirte: Wenn eine Auslegung des Vatablus Bedenken erregte, untersuchte man zunächst, ob sie etwas Unkatholisches enthalte, dann, ob die betreffende Bibelstelle diese

---

1) Außer den Proceßacten benutze ich hier die Documente, welche vor der zu Salamanca 1584 erschienenen Ausgabe stehen.

Deutung zulasse, zuletzt, ob Vatablus die Auslegung der Väter bestreite oder table. Fand man in dieser dreifachen Beziehung kein Bedenken, so ließ man die betreffende Auslegung stehen (X, 335. 345). Einer der Revisoren, Sancho oder Guevara, äußerte das Bedenken: wenn die Bibel des Vatablus von der Facultät approbirt werde und darin von den Kirchenvätern abweichende Auslegungen stehen blieben, so könnten die Leser meinen, die Facultät verwerfe die Auslegungen der Väter oder stelle wenigstens die des Vatablus denselben gleich. Darauf schlug Luis vor, eine allgemeine Bemerkung vorzudrucken des Inhalts: wenn die Facultät die neue Uebersetzung stehen lasse, so solle das der Vulgata nicht präjudiciren, und wenn sie die Auslegungen des Vatablus passiren lasse, so sollten diese damit nicht denen der Väter vorgezogen werden; die neue Uebersetzung werde vielmehr nur mitgetheilt zur bessern Erklärung der Vulgata, und den Noten des Vatablus werde keine andere Auctorität beigelegt, als welche sie als Ansichten eines einzelnen Gelehrten hätten. Dieser Vorschlag fand allgemeinen Beifall. Gallo meinte, man möge beifügen: die Vergleichung der neuen Deutungen mit denen der Väter solle zugleich zeigen, wie viel besser der lebendige Geist als der todte Buchstabe sei und wie sehr die alten Lehrer die jetzigen Gelehrten überträfen. Luis erklärte sich damit einverstanden. Als man nach Vollendung der Revision des A. T. eine solche Erklärung formuliren wollte, meinte Castro, man solle beifügen: die in dieser Bibel enthaltenen Auslegungen seien jüdische. Luis widersprach: wenn die Auslegungen schlecht seien, dürfe man sie nicht stehen lassen, und wenn sie gut und katholisch seien, dürfe man sie nicht verketzern (sambenitar); zudem habe ja keiner der Anwesenden die jüdischen Commentare gelesen; sie müßten also gar nicht, daß die Deutungen des Vatablus jüdische seien; zum Theil könnten sie gar keine jüdischen Deutungen sein, da sie ja gegen die Juden gerichtet seien. (Viele Beispiele der Art, wie Vatablus die im N. T. citirten Psalmenstellen behandelt, führt Luis X, 411 an.) Man wurde endlich einig, zu sagen: die Auslegungen schienen zum Theil aus jüdischen Commentaren entnommen zu sein. Luis entwarf die Erklärung und fügte noch ein paar Ausdrücke bei, die stärker waren, als verabredet worden. Er las den Entwurf vor und bemerkte bei diesen Ausdrücken scherzend: „Die habe ich beigefügt, um den Herrn Magister Leon zufrieden zu stellen; heute wird er nicht sagen können, daß ich es ihm nicht recht gemacht." So ging man lachend und in guter Freundschaft aus einander (X, 345). Unterzeichnet wurde die Erklärung für jetzt nicht; man ging zunächst an die Revision des N. T. Anfangs 1570 wurde Sancho von der Inquisition nach Madrid berufen und Luis in Universitäts-Angelegenheiten

an den Hof gesandt. Dadurch wurde die Revision unterbrochen. Sie
wurde erst nach den Herbstferien wieder aufgenommen und Anfangs
Januar 1571 vollendet. Luis schrieb nun auch eine allgemeine Censur,
die dem N. T. vorausgeschickt werden sollte. Sancho's Secretär wurde
beauftragt, beide Censuren zu mundiren und den beiden Exemplaren der
Bibel, in welchen man die Emendationen eingetragen, beizufügen. Als
Luis im März von einer Reise zurückgekehrt war, kamen Sancho's Secretär und der Drucker Gaspar de Portonariis zu ihm, um ein Exemplar, welches von den Anderen bereits unterzeichnet war, auch von ihm
unterzeichnen zu lassen. Der Drucker bemerkte bei dieser Gelegenheit, er
habe auf Luis' Unterschrift gewartet, weil er wisse, daß dieser an der
Emendation am meisten betheiligt gewesen sei (X, 523).

6. Mit diesem Berichte von Luis stimmt eine Aussage Castro's
nicht überein: die Facultät habe beschlossen, die Noten des Vatablus
könnten als Auslegungen von Juden gedruckt werden, damit man die
niedrige Auffassung der Juden kennen lerne; Luis, Grajal und Martinez
seien mit dieser Erklärung nicht zufrieden gewesen; Gott habe es aber
gefügt, daß Luis in einer oder zwei Sitzungen gefehlt habe, und da sei
jene Erklärung zu Stande gekommen (X, 13. 266). Den Inhalt der
Erklärung gibt Castro nur einseitig übertreibend an; was die Entstehung
derselben betrifft, so ist bedenklicher, als sein Luis' Angaben wider-
sprechender Bericht die Thatsache, daß man, als endlich nach Monate
langem Bitten Luis' das bei Sancho aufbewahrte Exemplar der revibirten
Bibel am 12. Febr. 1574 producirt wurde, sich Luis' Namen unter den
Unterzeichnern nicht fand (X, 521) und daß der Drucker erklärte, sein
Exemplar sei überhaupt von Niemand unterzeichnet, er erinnere sich nicht,
eine von Luis unterzeichnete Bibel gesehen zu haben, und er kenne Luis'
Unterschrift gar nicht (X, 526).

Luis' Bericht macht nicht den Eindruck, als ob ihn seine Erinnerung
getäuscht haben könnte. Daß er die Censura generalis geschrieben, sagt
er wiederholt (X, 196. 289. 297). Eher scheint mir anzunehmen, daß
der Drucker die Unwahrheit gesagt. Bezüglich des ihm vorgezeigten
Exemplars spricht Luis den Verdacht aus, das Blatt mit den Unter-
schriften scheine ein neu eingeklebtes zu sein (X, 523). Zeugen sind über
diesen Punkt nicht vernommen worden.

7. Auf dem Titelblatt der von Portonares besorgten Ausgabe
heißt es: sie sei „von sehr vielen Irrthümern nach dem Gutachten gelehrter Theologen der Universitäten Salamanca und Alcala gesäubert"
worden, und die der Ausgabe vorgedruckte Erklärung wird als Censura
generalis per theologorum Salmanticensium Complutensiumque se-

natum bezeichnet. Unterzeichnet ist dieselbe hier (ohne Datum) nur von einem Secretär der Inquisition, Pedro de Tapia. Luis erwähnt die Betheiligung der Theologen von Alcala gar nicht; auch in einem Schreiben vom 20. März 1571, in welchem Portonares von der Inquisition zu Madrid die Druck-Erlaubniß erbittet, ist nur von einer Revision durch Sancho und „andere Magister von Salamanca" die Rede. Die Theologen von Alcala haben also wohl erst nach diesem Termin die Revision vorgenommen. — Die Magister, welche nach X, 521 unter der Censur in Sancho's Exemplar standen, sind: Sancho, Castro, Guevara, Grajal, Martinez, Medina, Diego Gonzalez, Muñiz, D. Carlos, Don Juan Bique, Don Juan Almeida und Fray Garcia del Castillo. Die ersten sechs werden auch von Luis als Revisoren genannt (außer ihm selbst fehlen hier Bravo, Gallo und Puente); Gonzalez wird der in Luis' Proceß vorkommende Inquisitor sein, Almeida und Castillo und Muñiz (wenn dies verdruckt ist für Muñoz) werden als der Universität zu Salamanca angehörend auch sonst genannt; Bique und Carlos kann ich nicht nachweisen. Es scheint, daß nach dem März 1571 noch eine Revision stattgefunden hat, von der Luis nichts erfuhr.

8. Die von Philipp II. gemäß dem Gutachten der Inquisition ertheilte Erlaubniß zum Druck ist vom 21. April 1573 datirt. Auf dem Titelblatt ist das Jahr 1584 angegeben; der Verkauf scheint aber erst 1586 begonnen zu haben; denn erst in diesem Jahre wurde dem Verleger von dem Könige ein Privilegium bewilligt und in einem von dem Secretär des königlichen Rathes am 22. Februar unterzeichneten Documente der Verkaufspreis (der Bogen zu 7 Maravedis) festgesetzt. In diesem Documente wird constatirt, daß von dem Beginne des Druckes bis zur Erlangung der Erlaubniß zur Veröffentlichung des Werkes zwölf Jahre verflossen seien und daß Portonares und seine Compagnons in Folge der Verzögerung und „anderer Schwierigkeiten" den größten Theil ihres Vermögens hätten aufwenden müssen. Daß bei diesen Schwierigkeiten die Inquisition nicht unbetheiligt war, zeigt ein anderes, meinem (aus einem Jesuiten-Collegium zu Madrid stammenden) Exemplare des Werkes vorgedrucktes Document von dem Secretär der Inquisition Pablo Garcia, worin es heißt: am 11. Dec. 1585 habe der General-Inquisitor Cardinal Gaspar de Quiroga dem Benedictiner Roman de Vallezillo, Commissar des h. Officiums zu Medina del Campo, ein von dem Secretär paraphirtes Exemplar der gemäß der Censuren von Salamanca und Alcala emendirten Bibel eingehändigt und ihn autorisirt, nach diesem Exemplare alle zu Medina befindlichen Exemplare durch Ausstreichen zu corrigiren und jedes so corrigirte Exemplar eigenhändig zu unterschreiben;

nur solche Exemplare dürfe der Verleger verkaufen. Auf der letzten Seite meines Exemplars findet sich dann eine gedruckte, aber mit Ergänzung des Datums von dem genannten Commissar eigenhändig unterschriebene Bescheinigung des Inhalts: dieses Exemplar sei genau nach der Censur der Inquisition corrigirt. Aehnliche Weisungen werden die Commissare des h. Officiums an anderen Orten erhalten haben. Jedenfalls ist die schon fertig gedruckte Ausgabe im Auftrage der Inquisition nochmals revibirt worden; man hat bei dieser Revision bedenkliche Stellen gefunden und angeordnet, dieselben durch Ausstreichen unleserlich zu machen. Ob die in meinem Exemplar vorfindlichen derartigen Censurlücken [1]) alle

---

1) Sie sind nicht bedeutend. Im Pentateuch sind einige Zeilen in den Noten zu Gen. 6 und 14, kleine Randnoten zu Ex. 18, 13 und Lev. 5, 1 und ein paar Worte in der „neuen Uebersetzung" Deut. 17, 8 gestrichen. Zahlreicher und größer sind die Lücken bei den Psalmen (im 2. Bande Bl. 2. 8. 17 ꝛc.). Zu Pf. 32 ist einmal in dem Satze: David quemlibet pium alloquitur, invitans ad resipiscentiam statt des letzten Wortes poenitentiam geschrieben. Bei Luc. 8, 41 ist die Randnote: Infidelitas apostolorum gestrichen. — Ich besitze auch ein Exemplar des Commentars zum Buche Josue von Andreas Masius, Antwerpen 1574, welches die handschriftliche Bescheinigung enthält, daß es „am 7. September 1575 im besondern Auftrage der Herren Inquisitoren durch den Rector des erzbischöflichen Collegs zu Toledo entsprechend dem neuen Katalog expurgirt worden" sei. Auch hier sind die der Inquisition mißfälligen Stellen mit Dinte unleserlich gemacht, so unleserlich, daß ich ihren Inhalt nur aus dem nicht expurgirten Exemplare der Bonner Universitätsbibliothek kenne. An mehreren dieser Stellen tadelt Masius einfach die Uebersetzung der Vulgata in ganz unwesentlichen Dingen, z. B. zu Jof. 2, 7: Quod Latinus non *linum* ipsum, sed *lini stipulas* interpretatur, vix ferri potest. S. 59 bemerkt Masius: wenn die Geistlichen ihre Pflicht versäumten oder improbis actionibus reipublicae statum conturbent laedantve, so könne der Fürst sie an ihre Pflicht erinnern atque etiam, si opus sit, ab eo, quod improbe faciunt, suo imperio refrenare. S. 128 spricht er von Ueppigkeit und Unsittlichkeit des Klerus, S. 302 von Asylen. S. 318 mißbilligt er es, daß die der Häresie Verdächtigen ad crudelissima supplicia abripi illico, immo ullos omnino, qui gladio spiritus corrigi possint, vita a magistratu puniri. S. 325 sind in dem Satze: Ecclesia nobis ante oculos ponit crucis Christi figuram, *non ut eam adoremus, sed ut, dum aspicimus. in memoriam redeamus* etc. die hier cursiv gedruckten Worte gestrichen. Zu dem Satze S. 317: Illud fateor piaculum esse et cum falso culta coniunctum, aras non uni Deo, sed aliis etiam divis consecrare, idque etiam divus Augustinus saepe monuit; neque enim ara, nisi cui sacrificatur, dicari debet, ist nur caute legendum beigeschrieben; eine ähnliche Aeußerung S. 156 ist gestrichen, desgleichen S. 343 der Satz: Ad solam enim vitae bene actae imitationem. non etiam ad religiosum cultum, quem adorationem vocant theologi, divorum monumenta conservare fas est.

aus dem Jahre 1586 herrühren, ist freilich nicht zu entscheiden; denn auf dem Titelblatte finden sich noch zwei handschriftliche Bescheinigungen: „Im Auftrage des obersten Rathes der h. Inquisition corrigirt nach dem neuen Index in Madrid im Jahre 1613. Juan Lucas," und darunter: „und nach dem vom Jahre 1632, Fernando de Valdes." Danach sind also die Exemplare später wiederholt corrigirt worden. Zum Ueberflusse findet sich auf dem Titelblatte noch eine dritte, aber nicht unterschriebene und nicht gleich den anderen spanisch, sondern lateinisch geschriebene Notiz, worin der Leser daran erinnert wird, die neue Uebersetzung sei von Robert Stephanus, einem auctor damnatus et reprobatus, edirt worden.

VI. Die Erklärung des Hohen Liedes.

1. Bouterwek III, 241, gibt an, Luis habe seiner Uebersetzung des Hohen Liedes, weil es die Inquisition damals auf das strengste verboten hätte, ein biblisches Buch in die Landessprache zu übersetzen, nur einem Freunde im Vertrauen mitgetheilt; dieser sei aber weniger gewissenhaft gewesen als er, die Uebersetzung sei in mehrere Hände gekommen und Luis bei der Inquisition denuncirt worden. Das Richtige ist nach den Proceßacten (X, 38. 214 u. f. w.) und nach dem, was Luis in der Vorrede zu der lateinischen Erklärung des Hohen Liedes berichtet (s. o. S. 8), Folgendes:

Luis schrieb die spanische Erklärung des H. L. im Jahre 1561 oder 62 auf die Bitte einer Nonne, Doña Isabel Osorio, damals im Kloster Santa Cruz zu Salamanca, später (1572) in dem gleichnamigen Kloster zu Valladolid [1]). Sie hatte das Manuscript nur wenige Monate in Händen und nahm keine Abschrift davon. Fray Diego de Leon fand dasselbe in einem offenen Schreibtisch in Luis' Zelle, nahm es mit anderen Papieren mit und schrieb es ohne Luis' Vorwissen ab. Diese Abschrift wurde in wenigen Monaten so viel copirt [2]), daß Luis, als er davon erfuhr, die Verbreitung nicht mehr hindern konnte. Aus einem Zeugenverhör (X, 505) ergibt sich, daß sich im Jahre 1575 auch in

---

1) In der lateinischen Vorrede sagt Luis, er habe die Uebersetzung und Erklärung rogatu cuiusdam amici mei, qui latine nesciebat, geschrieben. In den Proceßacten wird Isabel Osorio wiederholt als diejenige genannt, für welche das Werk geschrieben wurde.

2) In der lateinischen Vorrede sagt Luis: Ex quo factum postea est, ut multis omnium ordinum hominibus eum librum probantibus atque petentibus, brevi is liber in plura exempla transfusus et per maiorem Hispaniae partem sparsus in manus plurimorum pervenerit.

Quito und Cuzco in Süd=America Abschriften fanden. Das Original=
Manuscript kam nach Luis' Verhaftung in die Hände der Inquisition
(X, 489) und wurde ihm nicht zurückgegeben. In den Proceßacten ist
X, 449—467 der Anfang desselben abgedruckt. Merino berichtet (Obras
V, p. III), in den öffentlichen und Privat=Bibliotheken fänden sich zahl=
lose Abschriften aus älterer und neuerer Zeit. Der Bischof Felipe Scio
de S. Miguel benutzte das Werk bei seiner Bibelübersetzung. Gedruckt
wurde es zum ersten Male zu Salamanca 1798. Merino verglich für
seine Ausgabe zehn Handschriften; diejenige, die er beim Abdruck zu
Grunde legt, stammt, wie er glaubt, aus der Zeit vor oder doch bald
nach Luis' Tode. Sie enthält hinter der Erklärung, von derselben Hand
geschrieben, eine in keiner andern Handschrift vorkommende Uebersetzung
des H. L. in Ottaven (abgedruckt V, 258—280). Es ist unbegreiflich,
wie Ticknor I, 474 zu der Meinung gekommen ist, die zuerst 1798
gedruckte Auslegung des H. L. (die übrigens nach dem Gesagten nicht
„nach Luis' Tode unter seinen Handschriften gefunden wurde") sei nicht
identisch mit der Schrift, welche „seine Gefangenschaft [mit] veranlaßt
hatte," sondern ihr nur „in einiger Hinsicht (im Englischen: in most re-
spects) ähnlich." Eine Vergleichung des Stückes X, 449 ff. mit V, 1 ff.
zeigt die Identität; Ticknor selbst sagt, es weiche „etwas, wenn auch
nicht wesentlich ab"; die Identität ist aber unzweifelhaft. Nur die Ueber=
setzung in Ottaven ist wohl erst nach Luis' Gefangenschaft entstanden,
da sie in fast allen Handschriften fehlt und früher nie erwähnt wird.

Der Vorwurf, Luis habe das H. L. als ein bloßes Liebesgedicht
behandelt (im Anklage=Act No. 6, X, 208; vgl. 274), ist unbegründet.
Er hebt in der Einleitung den mystischen Sinn desselben ausdrücklich
hervor (V, 4), und wenn er sagt, er wolle sich bei seiner Arbeit auf die
Erklärung der „Rinde des Buchstabens" beschränken, so unterläßt er doch
auch im Verlaufe der Erklärung nicht, auf den tiefern Sinn hinzuweisen
(V, 25. 26. 33. 52 u. f. w.; vgl. X, 361. 362) [1]). Mancio erklärt
Luis in dieser Beziehung für schuldlos (XI, 127).

---

1) In der lateinischen Vorrede sagt Luis: Veram et arcanam eius
cantici intelligentiam leviter attingebam, verborum vero textum et pro-
prietates atque similitudinum, quibus hic liber abundat, rationes latius
explanabam. Nam petierat a me is. cuius causa id elaborabatur, se
ut docerem, non quid arcani scripta illa continerent, nam audivisse id
a multis et a singulis suo modo dicebat, sed quomodo recte quasi con-
struendus esset ille verborum ordo valde, ut videtur, perturbatus et
involutus.

Der andere Vorwurf, Luis sei bei der Erklärung des H. L. der Vulgata zu nahe getreten (X, 274), ist nicht besser gerechtfertigt, als die allgemeine Beschuldigung bezüglich der Vulgata (X, 289). Auf diesen Punkt bezieht sich der Aufsatz V, 281.

Es bleibt also nur die Anklage, daß Luis ein biblisches Buch ins Spanische (en romance) [1]) übersetzt und in spanischer Sprache erklärt hatte (X, 208) [2]). In einer seiner Vertheidigungsschriften sagt Luis zwar, das betreffende Verbot des Index sei verschieden gedeutet worden, und die Commissare der Inquisition hätten die Veröffentlichung solcher Bücher für zulässig erklärt; namentlich habe Francisco Sancho, Decan der theologischen Facultät und Commissar der Inquisition zu Salamanca, einmal eine spanische Erklärung des Römerbriefes nicht beanstandet (X, 431; XI, 272). Aber von demselben Sancho findet sich unter den Proceßacten (X, 468) ein Brief vom 16. Juli 1571, worin er Luis die Herausgabe der Arbeit über das H. L. abräth: er laufe Gefahr, dafür keine Erlaubniß zu erhalten, da Erklärungen biblischer Bücher im Index verboten seien und dieses Verbot auf ein Buch wie das H. L. gewiß ganz speciell Anwendung finde. Fortan werde man mit der Ertheilung der Erlaubniß zum Drucke spanischer Bücher religiösen Inhalts strenger sein. Selbst der Druck einer spanischen Uebersetzung des römischen Katechismus sei nicht gestattet worden [3]), und es sei ein Motuproprio des Papstes angekommen, worin die Confiscation vieler spanischer Ausgaben

---

1) Den Ausdruck en romance mißverstehend, sagt W. Havemann, Darstellungen aus der innern Geschichte Spaniens während des XV., XVI. und XVII. Jahrhunderts, Göttingen 1850, S. 309: „Daß er das H. L. in Romanzenform übersetzte, brachte ihn in den Kerker der Inquisition, der Profanation der h. Schrift und damit der Ketzerei angeklagt.“

2) In der lateinischen Vorrede heißt es: Sed quoniam a rerum fidei iudicibus sancto erat interdictum, ne quis s. scripturae liber vulgari sermone conscriptus legeretur, quidam non nimium amatores mei causam in eo [libro] sibi oblatam ad mihi incommodandum putarunt eamque et statim et avide arripuerunt.

3) B. Carranza schreibt sogar (Doc. V, 518), er habe gehört, daß man Katechismen in der Volkssprache in Spanien für bedenklich halte (catecismos de doctrina cristiana en romance en España tenian inconvenientes, especialmente para la gente comun). Indeß erschienen doch dergleichen damals in Spanien, z. B. von dem Canonicus Gaspar Cardillo de Villalpando (Nic. Antonio I, 521) Catecismo breve para enseñar á los niños, Alcala 1580. 12 (von demselben Declaracion del Salmo del Miserere, Alcala 1576. 12), von dem Bischof Sebastian Perez von Osma (Nic. Antonio II, 283) Doctrina cristiana y su declaracion, Osma 1586. 12.

der Horen (wohl des Officium parvum Beatae Mariae Virginis) an=
geordnet sei. Luis möge also sein Werk lateinisch ausarbeiten. Damit
hatte Luis denn auch vor seiner Verhaftung bereits angefangen; er er=
wähnt X, 197 die Einleitung zu diesem lateinischen Werke. Jedenfalls
genügte es zur Beseitigung dieses Anklagepunktes, daß Luis seine Arbeit
nicht nur nicht veröffentlicht hatte, sondern auch der Mitwirkung bei der
Verbreitung derselben in Abschriften nicht überwiesen werden konnte.

Uebrigens erwähnt Luis ausdrücklich, viele gelehrte und katholische
Männer, darunter auch der portugiesische Dominicaner Foreiro, hätten
sich über die Arbeit sehr befriedigt geäußert (X, 289), und Manche hätten
ihn gebeten, wenn er andere ähnliche Arbeiten habe, sie ihnen mitzu=
theilen; ja, sie hätten ihm gerathen, alle seine Studien der Erklärung
einiger biblischer Bücher zuzuwenden, da ihm Gott dazu eine besondere
Gabe verliehen habe (X, 365). Luis hatte auch schon eine spanische
Uebersetzung und Erklärung der Psalmen 12 und 41 ausgearbeitet
(letztere ist erhalten, V, 293); er sagt davon (X, 186), er habe das für
erlaubt gehalten, weil diese Psalmen auch in den spanischen Uebersetzungen
des Officium parvum ständen. Auch das Buch Job hatte er schon vor
seiner Verhaftung ins Spanische übersetzt und die Absicht, eine spanische
Erklärung dazu zu schreiben, die er, wie er beifügt, natürlich dem Com=
missar der Inquisition zur Approbation vorgelegt haben würde (X, 187).
Er hat dieses Werk nach seiner Freilassung vollendet; es ist aber, wie
die Erklärung des H. L., erst lange nach seinem Tode gedruckt worden
(s. o. S. 27).

2. Wenn Luis nach seiner Freilassung von seinen Freunden ge=
beten und ihm von dem Provincial seines Ordens befohlen wurde, eine
lateinische Erklärung des H. L. drucken zu lassen, so lag dabei allerdings
der Wunsch mit zu Grunde, wie Ticknor (I, 474) sagt, „Luis' Ruf
von dem Verdachte zu reinigen, der auf ihn geworfen worden war.“
Aber Ticknor charakterisirt das lateinische Werk ganz falsch, wenn er
sagt: „Er hielt das Ganze so theologisch und dunkel, wie es die Streng=
gläubigsten nur wünschen konnten, ohne jedoch dabei sein Dafürhalten
zu verbergen, daß die nächstliegende Gestaltung dieses Buches die einer
Ekloge sei.“ Auch Merino (V, p. II) charakterisirt das Werk nicht
richtig, wenn er sagt: „In diesem Werke fügte er der Literal=Erklärung
zwei Darlegungen des geistlichen Sinnes bei: in der einen erläutert er
die Stufen, auf welchen die Seele vom Beginne ihrer Bekehrung bis zur
vollkommensten Vereinigung mit Gott emporsteigt; in der andern beschreibt
er die liebevolle Leitung der Kirche durch Gott in den drei Zeitaltern, in
welche er ihre Geschichte auf Erden eintheilt.“ Da das Werk für die

Geschichte der Exegese und die Charakteristik seines Verfassers ebenso wichtig, wie selten ist, so füge ich hier einige Mittheilungen über den Inhalt desselben bei.

In der Vorrede sagt Luis: Nachdem er in sein früheres Amt wieder eingesetzt und sein guter Ruf wieder hergestellt worden sei, sei er von Vielen aufgefordert worden, um auch in diesem Stücke dem Urtheile Aller zu genügen und jeden Anlaß zu einem Verdachte zu beseitigen, die spanische Erklärung des H. L. ins Lateinische zu übersetzen und so drucken zu lassen. Er habe dieses also gethan und dieser lateinischen Bearbeitung die in der spanischen fehlende fortlaufende und ausführlichere Erörterung des wahren und geheimen Sinnes beigefügt.

Das Werk selbst beginnt mit der Bemerkung: Salomo schildere in dem H. L. die gegenseitige Liebe Gottes und der Menschen, Christi zu seiner Kirche und zu den einzelnen Gläubigen, und zwar unter dem Bilde der Liebe zweier Gatten. Luis hebt ausdrücklich hervor, das im H. L. geschilderte irdische Liebesverhältniß sei nicht etwa als ein wirkliches aufzufassen, welches der Typus jenes höhern Liebesverhältnisses sei, sondern nur als eine allegorische Darstellung dieses letztern; er vertritt also die allegorische und nicht die typische Auffassung des H. L. [1]). Er hebt dann weiter treffend hervor, daß die Darlegung des eigentlichen innern Sinnes die richtige Auffassung der Allegorie, unter welcher derselbe dargestellt werde, zur Voraussetzung habe [2]), daß man aber nicht in allen Einzel-

---

1) S. 1: Exposuit non ipsos, aut Christum aut Ecclesiam, palam loquentes inducens, sed introducens tanquam in scenam inter se amantes coniuges duos, qui Christi et Ecclesiae personam sustinerent et mutua erga se charitate exprimerent summam illam et caelestem coniunctionem amoris, quae est inter Christum et Ecclesiam. Itaque tota huius libri oratio figurata est et allegorica. Allegoricam dico non ea allegoria, quam D. Paulo authore inducunt theologi, cum in sacris literis a literae quem vocant sensu allegoricum distinguunt, sed quem tradunt rhetores effici ex perpetua metaphora. Danach sind die aus Wilkens geschöpften Angaben von Zöckler, Das Hohe Lied und der Prediger, Bielefeld 1868, S. 25, zu berichtigen.

2) S. 2: Illud etiam est manifestum, quanquam horum scriptorum vera sententia non sit illa, quam ipsa scripta ostentant quamque nominavimus sonum, sed ea potius, quam intra se occultant et includunt, tamen quod et quale sit id interius quod latet, ex eo, quod patet et conspicitur, quaerendum esse et interpretandum. Quibus ex omnibus efficitur, eum, qui isthaec scripta interpretatur, si quidem suo muneri satisfacturus est, primum exteriores illos sensus exponere debere, deinde ex eis interiores et veros eruere atque explicare.

heiten einen tiefern Sinn suchen müsse, da manche einzelne Züge nur
für die Durchführung der Allegorie Bedeutung hätten [1]). Weiterhin be-
bemerkt er, wenn das H. L. die Liebe Gottes oder Christi zu den Seinigen darstelle, so könne man unter der Braut einerseits die Kirche, an-
dererseits die einzelne von Gott geliebte Seele verstehen. Diese beiden
Deutungen schlössen einander nicht aus; man dürfe aber nicht einen
Theil des Gedichtes auf das eine, einen andern auf das andere Liebesverhältniß, sondern habe das ganze Gedicht auf beide Verhältnisse zu
beziehen. Er selbst, fügt er bei, wolle sich auf die Durchführung der
einen dieser beiden Deutungen beschränken, und zwar auf die Darstellung
des Liebesverhältnisses zwischen Gott und der gläubigen Seele (S. 27).
Das H. L. sei nicht eine zusammenhangslose Sammlung von einzelnen
Stücken, sondern ein zusammenhängendes Ganzes in drei Haupttheilen: der
erste (1, 1—2, 7) stelle die Gesinnungen dessen dar, der Gott zu lieben
anfange, der zweite (2, 8—5, 2) des in der Liebe Fortschreitenden, der dritte
(5, 2—8, 14) des in der Liebe Vollendeten (S. 30).

Luis gibt zu jedem Capitel erst die Wort-Erklärung, dann die
Deutung der Allegorie, beide unter der Ueberschrift Explanatio. Die erste
Explanatio ist übrigens nicht eine Uebersetzung, sondern eine freie, bald
verkürzte, bald erweiterte Bearbeitung der spanischen Erklärung; manche
Einzelheiten werden von dieser abweichend erklärt. Es wird dabei die
Vulgata zu Grunde gelegt, aber, wie in der spanischen Erklärung, mit
durchgehender Berücksichtigung des hebräischen Textes; an manchen Stellen
wird, freilich in sehr vorsichtigen Ausdrücken [2]), einer von der Vulgata ab-
weichenden Uebersetzung desselben der Vorzug gegeben. Auch in der zweiten
Explanatio geht Luis mitunter nochmals auf den hebräischen Text zurück.

---

1) S. 3: Alterum comparavimus cum altero ita, ut res rebus con-
ferrem, non autem ut singula verba aut minutatim cuncta, quae in allo-
goria dicebantur, referrem ad interiorem intelligentiam. Id enim neque
necessarium factu est nec vero semper fieri potest. Haud enim parum
multa in hoc genere ponuntur, magis ut institutae allegoriae serviatur,
quam ut inde transferatur aliquid ad id, de quo agitur.

2) Vgl. z. B. S. 9: Quanquam hic versiculus (1, 3: *Memores* etc.)
etsi optime ille quidem a Hieronymo ex hebraeo in latinum sermonem
expressus est, tamen potest, quoniam hebraica hoc loco ad plures sententias sunt ambigua, alio modo non incommode verti. S. 142 ist in
freier Bearbeitung die im Gefängniß geschriebene ausführliche Erörterung über
4, 1 (V, 281) aufgenommen. — Bemerkenswerth ist, daß S. 295 Gen. 3, 15
Ipsum conteret caput tuum citirt und erklärt wird: *Ipsum* autem Christus
est, beatum vid. semen a prima illa femina longa generationum serie
multa post saecula nasciturum.

Von manchen anderen exegetischen Arbeiten der damaligen Zeit unterscheiden sich beide Explanationes dadurch, daß durchgängig keine andere Ausleger citirt werden. Nur einige Male wird am Rande auf Stellen in Kirchenvätern verwiesen, und hie und da heißt es in der Erklärung: nonnullis placet, aliis videtur u. dgl. [1]).

Die zweite Explanatio nimmt etwas mehr als die Hälfte des ganzen Werkes ein. Luis beschränkt sich darin auf die eine oben angegebene Deutung. Auf die mariologische Deutung des H. L. wird nirgendwo Bezug genommen. Was Merino von einer zweiten Darlegung des mystischen Sinnes sagt, in welcher die liebevolle Leitung der Kirche durch Gott in den drei Zeitaltern beschrieben werde, in welche Luis ihre Geschichte auf Erden eintheile, ist irrig. Die Angabe ist wahrscheinlich durch eine einzelne Stelle in der Explanatio zu 5, 11—15 (S. 223 ff.) veranlaßt. Nachdem Luis die dort stehende Schilderung des Bräutigams „nach dem Vorgange der alten Väter" von der Menschheit Christi erklärt hat (S. 214 ff.), bringt er dieselbe mit der aus vier Theilen bestehenden Bildsäule bei Daniel in Parallele und findet in den 5, 11—15 erwähnten Theilen des Körpers vier Perioden der Kirche symbolisirt: 1. von den Aposteln bis auf Constantin den Großen, versinnbildet durch das Gold B. 11, — 2. von Constantin bis auf Gregor den Großen, versinnbildet durch das Elfenbein B. 14, — 3. seit Gregor, versinnbildet durch den Marmor B. 15, — 4. die zweite goldene Zeit (bases aureae B. 15) vor dem Ende der Tage. Diese Stelle hat aber nur die Bedeutung einer Digression, wie solcher Digressionen, zum Theil sehr interessanter Art, auch sonst in der zweiten Explanatio vorkommen [2]).

Bayle meint (Dictionnaire III, 87), der Proceß gegen Luis sei veranlaßt worden durch seine Erklärung eines Verses des H. L., nämlich 5, 7, wo er unter den Wächtern der Stadt, welche die Braut mißhandeln, die verfolgungssüchtigen kirchlichen Behörden verstehe. Die Stelle steht im lateinischen Commentar S. 210 [3]), ist aber natürlich nicht Anlaß des Processes gewesen.

---

1) Vgl. S. 163 (zu H. L. 4, 2): Quod in superiore similitudine evenit, ut omnes sacri harum literarum interpretes in eandem sententiam concurrerent, hic contra accidit, ut singuli suas et ab aliis diversas sententias sequantur. Quas ego singulas enumerare nolo, ne iusto sim longior; id dicam tantum, quod mihi cogitanti et studium adhibenti maxime probabile occurrit.

2) s. u. Anhang.

3) s. u. Anhang.

Nic. Antonio (II, 46) führt die Bemerkung Possevins an, der Commentar zum H. L. von Hieronymus de Almonacir stimme mit dem von Luis so viel überein, daß einer den andern benutzt haben müsse. Der Commentar von Almonacir (Dominicaner, seit 1579 Professor zu Alcala, auch Consultor der Inquisition, gest. 1604, mehr als 80 Jahre alt, (Quetif II, 355), erschien zu Alcala 1588 (Nic. Antonio I, 567), also acht Jahre später als der von Luis. Nach Quetif's Bericht über denselben ist aber an eine plagiatorische Benutzung der Arbeit von Luis nicht zu denken: der Commentar füllt zwei Quartbände von 456 und 363 Seiten und ist ganz anders angelegt: das H. L. wird darin auf die Liebe Gottes zur Kirche des Alten und Neuen Bundes bezogen, mit vielen Auszügen aus älteren Exegeten.

Sehr oft wird Luis' lateinische Erklärung citirt in dem sehr ausführlichen Commentar zum H. L. von Michael Ghisleri (Antwerpen 1619), mitunter mit Bemerkungen wie: Fere communiter post Legionensem a recentioribus asseritur (p. 767); secundum Legionensem aliosque recentiores illos, qui eum fere semper ut antesignanum sequuntur (p. 771); Legionensis et qui eum secuti sunt, Almonacyrius et Del Rio (p. 833); Aloysium Legionensem, ut verum fatear, inter eos, qui literae sonum explicant in hoc Cantico, semper meritoque censui antesignanum (p. 820). Cornelius a Lapide nennt Luis unter den Auslegern des H. L., scheint ihn aber nicht benutzt zu haben; er hält sich vorzugsweise an noster Delrio. Ueberhaupt wird Luis von den späteren Auslegern, soviel ich sehe, verhältnißmäßig wenig citirt; Calmet, W. Smits u. A. scheinen ihn gar nicht zu kennen. Bossuet (Praef. in Cant. Cant.) sagt indeß von ihm: Aloysius Legionensis canticum canticorum explanavit pari pietatis, doctrinae et elegantiae laude.

3. Ich füge noch einige Bemerkungen über Bearbeitungen des H. L. bei, welche von Luis' Freunde Benito Arias Montano herrühren und von denen eine in Luis' Proceß eine Rolle spielt.

In Böhl de Faber's Floresta ist unter No. 717 (III, 41—64) eine Paráfrasis sobre el cantar de cantares de Salomon von Montano abgedruckt (nach dem ersten Druck, Madrid 1816, verglichen mit einer Handschrift). Böhl nennt sie eine „prächtige Paraphrase;" dem Metrum mangele die spätere Politur, sonst aber sei der Ausdruck echt castilianisch und die Strophen seien volltönig und abwechselnd[1]). Ticknor

---

1) Nach Mayans (Bibl. p. II) ist dieselbe mit Unrecht von Einigen als ein Werk Luis de Leon's, von Anderen als ein Werk Francisco de Quevedo Villega's bezeichnet worden.

(I, 474) sagt, sie sei im Ganzen weitschweifig, enthalte aber schöne Stellen. Es ist wohl nicht diese, sondern eine andere Arbeit von Montano, die in den Proceßacten erwähnt wird. Unter Luis' Papieren fand sich eine „spanische Erklärung des H. L." (Exposicion sobre el cantar de los cantares de Salomon); an der Spitze standen einige Zeilen in hebräischer, griechischer und arabischer Sprache. Luis erklärte im November 1573, dieses Heft sei von Montano verfaßt und eigenhändig geschrieben. Als ihn derselbe vor zehn oder elf Jahren zu Salamanca besucht, habe er ihn gebeten, ihm dasselbe zu leihen, um es bei einigen Stellen seiner eigenen Arbeit zu benutzen. Montano habe ihm nach einigen Wochen von Leon aus das Heft geschickt unter der Bedingung, daß er es ins Lateinische übersetze, was er wegen anderer Arbeiten nicht gethan habe (X, 477. 491).

Die Inquisitoren verordneten sofort, Montano's Arbeit solle qualificirt, Theologen zur Begutachtung vorgelegt werden, ob etwas Bedenkliches darin stehe. Das Heft wurde nach Madrid gesandt, und von dem obersten Inquisitionsrathe wurde am 30. April 1574 verfügt, die Sache solle genauer untersucht werden, namentlich ob das Heft wirklich von Montano's Hand geschrieben sei (man habe die Schrift mit einigen Briefen verglichen, die man in Madrid von Montano hatte); auch solle Luis über die hebräischen 2c. Zeilen vernommen werden (X, 365). Unter den Proceßacten findet sich über diesen Gegenstand aber nur ein Protocoll über ein Verhör am 2. August 1574 (X, 18) und ein Schriftstück von Luis vom 13. August 1574 (X, 293), — das Protocoll über ein Verhör vom 31. Juli 1574 fehlt, — worin Luis, zum Beweise, daß das Heft wirklich von Montano sei, auf Briefe von diesem unter seinen Papieren verweist, einige Personen bezeichnet, die Montano's Handschrift kennen müßten, und einen Augustiner nennt, der schon viele Jahre vor ihm das Heft von Montano geliehen habe. Nach XI, 20 hat Luis im Jahre 1574 gemeint, Montano sei schon gestorben (er starb erst 1598), — Ticknor I, 474 vermuthet, „vielleicht absichtlich durch die Beamten zu dem Glauben gebracht, um ihn zu Bekenntnissen über Montano zu bringen."

VII. Die Vulgata.

1. Von der Auctorität der Vulgata handelte Luis in seinen Vorlesungen, als er im Jahre 1565 oder 66 über den Tractat de fide las (X, 190. 569). Ueber das Verhältniß seiner damaligen Vorlesungen zu der Abhandlung, welche er vor seiner Verhaftung der Inquisition einreichte, sagt er: Die in der Abhandlung enthaltenen Sätze habe er im

Collegienhefte durch viel mehr Beispiele erläutert, auch habe er in der
Abhandlung von den Einwendungen nur diejenigen berücksichtigt, deren
Lösung einige Schwierigkeiten mache. Unter seinen Papieren werde man
das vollständige Collegienheft finden; nur habe er in demselben kurz nach
dem Vortrage einen Punkt klarer gefaßt und einige Ausdrücke geändert,
z. B. da, wo er gesagt, einiges könne elegantius, apertius, aptius
übersetzt werden, als in der Vulgata, habe er dafür gesetzt: non minus
eleganter, aperte, apte (X, 187). Das Collegienheft enthalte das, was
er dictirt; er habe aber das Dictat mündlich weiter erläutert (XI, 134).
Bei einer andern Gelegenheit erwähnt Luis, einen Monat später, als er
über die Vulgata gelesen, seien seine Sätze von einem Studenten bei einem
Actus maior in der Universität vertheidigt worden, und alle Magister der
Theologie seien damals mit ihm einverstanden gewesen (X, 130; XI, 56).

2. In der Abhandlung, welche Luis der Inquisition einreichte —
sie hatte den Titel: De ratione, authoritate et interpretatione sacrae
scripturae (X, 132) — hatte er seine Ansicht über die Vulgata in acht
Sätzen ausgesprochen, und diese näher begründet. Diese Abhandlung legte
er seit dem Sommer 1571, wo er von den gegen ihn ausgestreuten
Verdächtigungen hörte, manchen Theologen zur Begutachtung vor (XI, 56).
Er sandte sie an Arias Montano, mit der Bitte, die Löwener Theologen
um ein Gutachten zu ersuchen. Grajal sandte sie, wie Luis von ihm
gehört zu haben glaubt, an Pedro Chacon oder einen andern Freund in
Rom, um die dortigen Theologen zu befragen (X, 188). Von Löwen
und Rom war aber, als Luis verhaftet wurde, noch keine Antwort ge=
kommen [1]). Von den Theologen zu Salamanca sagt Luis, er kenne
keinen, der nicht seine Ansicht theile, mit Ausnahme von Castro und
Medina (X, 199); als solche, die seine Abhandlung gelesen und nichts
Bedenkliches darin gefunden, erwähnt er den Mag. Juan de Guevara
und den Fray Bartolomé de Carranza zu Salamanca (X, 232). In
Alcala wurde der Rector des dortigen Augustiner = Collegs, Pedro de
Uceda, ersucht, Gutachten zu sammeln: Dr. Villalpando und Dr. Alonso
de Mendoza lehnten aber die Begutachtung ab, weil dazu ein eingehen=
des Studium gehöre, und Dr. Trujillo, der auf dem Trienter Concil
gewesen, bat, ihn mit der Sache zu verschonen (X, 86. 91). Uceda be=
fragte auch Theologen zu Toledo: der Canonicus Dr. Alonso Velazquez
erklärte, die Sätze seien probabel und er halte sie für wahr, nur dürfe
man nicht zugeben, daß irgend ein Theil der Vulgata nicht heilige

---

1) Mayans (Bibl. p. III) erwähnt einen Brief, den Chacon darüber
an Luis geschrieben, aber wohl erst nach dem Proceß.

Schrift und dem Inhalte nach inspirirt sei; er unterzeichnete eine in diesem Sinne gefaßte Erklärung (Velazquez wurde im October 1572 darüber verhört, X, 92). Dieser Erklärung stimmten im Wesentlichen zu der Canonicus Dr. Barriovero zu Toledo und der Dr. Balbas zu Madrid, den Uceba auch befragte (X, 86. 513). Uceda selbst erklärte sich wiederholt mit Luis' Sätzen einverstanden (X, 516) [1]). In Sevilla

---

[1) Pedro de Uceda, geb. um 1532, bis 1572 Rector des Augustiner-Collegs zu Alcala, dann Rector des Collegs Sant Guillermo zu Salamanca (X, 92. 85), wird identisch sein mit dem Augustiner Pedro Guerrero de Uzeda, Magister der Theologie, der zu Alcala Theologie, zu Salamanca Exegese docirte, 1576 eine Silva lectionum super Apocalypsin herausgab und dessen Hefte (wie die von Luis, s. o. S. 26) Pedro de Aragon benutzte (Nic. Antonio II, 249. Ossinger 958). — Dr. Villalpando ist ohne Zweifel Gaspar Cardillo de Villalpando, geb. zu Segovia 1527, der zu Alcala studirte und docirte, in Trient unter Pius IV. Procurator des Bischofs von Avila (Pallavicini 20, 3, 3; im officiellen Verzeichniß: Gaspar Cardillius Villalpandus, Sogobiensis, D. Th., pro Episc. Abulensi), nach Pedro Soto's Tode päpstlicher Theologe war, nach seiner Rückkehr von dort Canonicus zu Alcala wurde und 1581 starb. Er hat viele Schriften über Aristotelische Philosophie, eine spanische Erklärung des Miserere und einen spanischen Katechismus herausgegeben, (s. o. S. 66 Anm. 3. Nic. Antonio I, 521. Hurter I, 116). — Dr. Trujillo ist Francisco de Trujillo, Dr. theol., Mitglied des Collegiums St. Ildefons zu Alcala, dann Canonicus zu Leon und als solcher Theologe seines Bischofs zu Trient (Truxillus, D. Th., Canonicus Legionensis, cum Rev. Legionensi im officiellen Verzeichniß), um 1592 zum Bischof von Leon ernannt (Nic. Antonio I, 490). — Ein Alonso (Gonzalez) de Mendoza war ein Ordensgenosse und Schüler Luis des Leon's, später Professor (nach Possevin's Apparatus und Crusenius, Monasticon Augustinianum p. 220, catedrático de Scoto, nach Anderen de visperas) zu Salamanca, † 1591. Nach Aubertus Miräus und Crusenius war er zum Erzbischof von Neu-Granada designirt. Er hat herausgegeben Quaestiones quodlibeticae nebst einer Relectio de universali Christi dominio ac regno (bei Gelegenheit seiner Promotion am 19. December 1586 geschrieben), Salamanca 1588, und eine Quaestio, an tota Magorum historia tredecim tantum a natali Christi diebus absoluta fuerit (Nic. Antonio I, 36. Hurter I, 108). Wenn es richtig ist, daß er erst 1586 promovirt hat, so muß der X, 86 erwähnte Doctor D. Alonso de Mendoza ein Anderer sein; er ist vielleicht der Alonso Mendoza, der 1585 Bischof von Valladolid war und dem damals Leon de Castro seinen Apologeticus widmete (Tejada S. 29. Der Name Mendoza ist übrigens sehr gewöhnlich. Ein Iñigo Lopez de Mendoza war 1565, Alvaro de Mendoza 1576 Rector der Universität Salamanca; Tejada S. 24. 44. 59). — Villalpando, Trujillo und Balbas werden bei Tejada S. 28 unter denjenigen genannt, die Castro's Commentar zum Isaias belobt hätten; dieses Werk und Luis' Abhandlung zugleich zu billigen, war freilich nicht wohl möglich (s. u. VIII, 4).

sammelte der Augustiner Francisco de Arboleda Gutachten: außer ihm selbst (X, 234) erklärten sich schriftlich mit Luis einverstanden der Augustiner Jose de Herrera, der Dominicaner-Prior Juan de Espinosa und der Mag. Palma (X, 35. 45); der Professor Aguayo lehnte, ohne Angabe von Gründen, die Unterzeichnung ab; der Canonicus Dr. Zumel fand die Sätze unbedenklich, wollte aber nicht unterzeichnen, weil „der Papst es nicht gerne sehen werde, daß man sein Concil erkläre," und weil er Consultor der Inquisition sei und als solcher möglicherweise amtlich sein Gutachten über dergleichen Dinge werde abgeben müssen; Gaspar de Torres, Dr. Valladolid, Dr. Martinez aus dem Orden von Santiago und der Rector der Jesuiten, Dr. Castañeda, erklärten, sie könnten dem Hebräischen und Griechischen der Vulgata gegenüber gar keine Auctorität beilegen; der Magister Ochoa sprach sich etwas milder aus (X, 35). Als solche, welche ihm schriftlich zugestimmt, erwähnt Luis auch noch die Magister Fray Alonso de Veracruz und Fray Lorenzo de Villavicencio (XI, 57) [1]).

---

1) Von den hier genannten Theologen zu Sevilla wird Mag. Ochoa der Dominicaner Juan Ochoa sein, der nach Nic. Antonio I, 749 um 1565 zu Sevilla lebte. Juan de Espinosa ist vielleicht identisch mit dem Dominicaner Mag. Espinosa, der 1575 zu Valladolid in Luis' Proceß als Qualificator fungirte (XI, 188). Der Canonicus Dr. Zumel ist Pedro Zumel (nicht Francisco Zumel, Nic. Antonio I, 500; Hurter I, 272; s. u. No. X, 4), der als Procurator des Bischofs von Malaga zu Trient war (im officiellen Verzeichniß Petrus Cumel, D. Th., Canonicus Malacitanus, pro Rev. Malacitano) und von dem eine dort gehaltene Rede 1563 zu Brixen gedruckt wurde. Canonicus zu Sevilla wurde er nach seiner Rückkehr von Trient; vorher, seit 1532, war er Mitglied des Collegs St. Ildefons zu Alcala (Nic. Antonio II, 250). — Gaspar de Torres aus dem Orden B. M. V. de mercede (1560 war er Provincial, Tejada S. 23), war Professor der Philosophie zu Salamanca, zur Zeit, als Luis promovirte (1560), Vicekanzler (vicecancelario oder vicescholastico) der Universität (Tejada S. 12. 14. 23); 1560 war er von Diego Covarrubias bei der Abfassung der neuen Universitätsstatuten (s. Tejada S. 20. 23) beschäftigt. 1568 war er noch zu Salamanca (Tejada S. 26); er wurde Titularbischof (obispo de anillo, X, 35) von Medaura, dann von den Canarischen Inseln und starb 1583 zu Sevilla (Nic. Antonio I., 534). — Auf Francisco de Arboleda's Urtheil konnte freilich nichts ankommen, wenn er mit Recht von einem seiner Ordensgenossen als „eigensinnig und beschränkt (cabezudo y no de mucho entendimiento)" bezeichnet wird (XI, 345). Luis hatte ihn auch nicht um seine Meinung gefragt (X, 234) und war nicht befreundet mit ihm (XI, 338. X, 370). — Lorenzo de Villavicencio war ein Augustiner; s. über ihn Doc. V, 401. 530 und Hurter I, 46. Eine Stelle aus seiner Schrift De recto formando theologiae studio, Antwerpen 1565, führt L. van Eß, Gesch. der Vulgata S. 413, an.

3. Besonders großen Werth legte Luis auf das Gutachten des Erzbischofs von Granada, Don Pedro Guerrero. Er ließ diesem durch den Augustiner-Prior zu Granada, Hernando de Peralta, die Abhandlung über die Vulgata vorlegen, und dieser berichtete am 6. Januar 1572 an Luis folgendes.: Der Erzbischof habe gesagt, er habe an den ersten Sitzungen des Trienter Concils, in welchen über die Vulgata verhandelt worden sei, nicht Theil genommen; er halte aber alles, was Luis gesagt habe, für richtig und glaube, daß die Intention des Concils keine andere gewesen sei, als Luis annehme; es würde ja auch sehr verkehrt sein, wenn man dem Uebersetzer die nämliche Auctorität beilegen wollte wie dem Verfasser. Auf die Bitte, sein Gutachten schriftlich abzugeben, habe der Erzbischof geantwortet, er pflege das nicht zu thun; wenn es sich aber als nöthig herausstellen sollte, werde er es thun (X, 470. 61). Am 13. März 1572, also mehrere Tage, nachdem Luis seine „Confession" abgegeben und nachdem Grajal schon verhaftet war, schrieb er an Peralta, es liege ihm sehr viel an einem schriftlichen Gutachten des Erzbischofs (X, 130). Peralta antwortete am 27. März: Er habe dem Erzbischof von den Vorfällen in Salamanca nichts gesagt, sondern bemerkt, Luis wolle seine Abhandlung drucken lassen, und darum liege ihm an der Zustimmung des Erzbischofs viel. Dieser habe ihm aber nach einigen Tagen gesagt: er sei noch immer der Ansicht, daß Luis' Abhandlung nichts Verkehrtes enthalte; er werde aber seine Unterschrift nicht geben, weil er gehört habe, daß über diese Frage zu Salamanca jetzt viel Lärm gemacht werde und Grajal verhaftet sei; er habe früher solche Gutachten gern unterzeichnet, sei aber jetzt durch Schaden klug geworden, nachdem er durch solche Gutachten in Ungelegenheiten gekommen, namentlich durch das über den Katechismus des Erzbischofs von Toledo [1]). Damals habe ihm der Erzbischof von Sevilla (der Groß-Inquisitor Fernando Valdes) geschrieben, er möge keine Bücher, die man ihm bringe, approbiren; als dieser Brief angekommen sei, habe er den Katechismus schon approbirt gehabt, und so habe er viel Unannehmlichkeiten zu erleiden gehabt (X, 137). Dieser Brief kam nicht mehr in Luis' Hände (X, 204). — Am 12. Oct. 1574 wurde der Erzbischof (in seiner Wohnung) von einem Inquisitor über die Sache verhört. Seine Aussage ist von keiner Bedeutung (XI, 291).

4. Wenn der Erzbischof von Granada aus Furcht vor der Inquisition seine Meinung nicht schriftlich abgeben wollte, so suchten Andere, die dieses gethan, sich nach Luis' Verhaftung zu salviren; so Espinosa

---

1) Bartholomäus Carranza; vergl. Laugwitz S. 47. Doc. V, 513.

(X, 37), Herrera (X, 44. 372) und Velazquez (X, 92). Während Luis versichert, alle Theologen zu Salamanca mit Ausnahme von Castro und Medina seien mit ihm einverstanden, sprach sich Sancho, als ihm Luis' Abhandlung von der Inquisition zur Begutachtung vorgelegt wurde, sehr wenig günstig aus (X, 127). Luis selbst sagt einmal, als es sich um die Wahl von Qualificatoren für seine Abhandlung über die Vulgata handelt: „Einige Theologen haben nicht die nöthige Freiheit, um ihre Ansicht über meine Abhandlung auszusprechen, weil sie dadurch, daß ich und Andere um dieser Sache willen eingekerkert sind, eingeschüchtert sind" (X, 560).

5. Das von Luis selbst geschriebene Collegienheft über die Vulgata scheint sich unter seinen Papieren nicht gefunden zu haben, obschon er genau angab, wo dasselbe in seiner Zelle zu finden sei (X, 568. 574). Es wurde ihm statt dessen ein von einem Studenten geschriebenes Heft vorgelegt (X, 567, s. u. No. IX, 12).

Die Abhandlung, welche Luis selbst der Inquisition mit dem schriftlichen Gutachten von Theologen (X, 512) übergab, ist leider in den Proceßacten nicht vollständig abgedruckt. Es werden nur 17 Sätze mitgetheilt, die man daraus für die Anklage excerpirt hatte (X, 527; über die 21 Sätze X, 102 s. No. XI, 18; die X, 246 abgedruckten sieben lateinischen Sätze gehören nicht hieher, sondern waren von Luis einmal bei den Verhandlungen über die Bibel des Vatablus aufgezeichnet worden, X, 196).

Eine ausführliche Erklärung zu den 17 Sätzen gibt Luis XI, 55—120; ein Stück derselben ist leider beim Abdruck weggelassen (XI, 118). Außerdem sind für Luis' Ansichten zu vergleichen die kürzeren Erklärungen X, 209. 221. 225. 375. 397. 513. 533; XI, 132. 348.

Die Gutachten der Qualificatoren haben gar keine wissenschaftliche Bedeutung, sondern nur ein Interesse, sofern sie die Engherzigkeit, Confusion und Unwissenheit ihrer Urheber bezüglich dieser Frage charakterisiren (s. No. IX, 16).

Luis beruft sich bei der Vertheidigung seiner Ansicht (XI, 60) namentlich auf Andres (nicht Alonso X, 214) de Vega (X, 290), auf dessen Aeußerungen ihn zuerst Pedro de Uceda aufmerksam gemacht hatte (X, 517), und auf Melchior Cano (X, 372), die dem Trienter Concil beigewohnt hatten, und auf den Cardinal Cervino [1]), welcher der vierten

---

1) X, 367 steht el cardenal Sadoleto, que fué legado en él cuando el decreto se hizo. Sadoleto ist aber verschrieben oder verdruckt für Cervino; auf diesen beruft sich Vega, s. L. van Eß, Gesch. der Vulgata S. 408.

Sitzung desselben präsidirt hatte, ferner auf Driedon, Tiletanus und Lindanus. Er hebt hervor, daß er der Vulgata noch mehr Auctorität einräume als de Vega (X, 290) und Andere (XI, 134).

6. Einigermaßen als Ersatz für Luis' ungedruckt gebliebene Abhandlung, jedenfalls als eine im Wesentlichen mit derselben übereinstimmende Erörterung über die Vulgata ist die Abhandlung seines Ordensgenossen Basilio Ponce de Leon anzusehen, aus dessen Quaestiones variae ex utraque theologia (Salamanca 1611) abgedruckt in der Tournemine'schen Ausgabe des Menochius III, 138. Basilio citirt darin sehr oft Luis' Disputatio de Vulgata editione, die ihm, in Quaestiones und Conclusiones eingetheilt, vorlag; ja er scheint manche Stellen daraus wörtlich aufgenommen zu haben (S. 138 b u. s. w.) Nach der Art und Weise zu urtheilen, wie Luis' Ansichten von Basilio angeführt werden, scheinen dieselben damals nicht mehr beanstandet worden zu sein. An einer Stelle (S. 144 b) hebt er hervor, daß alle von Luis als corrumpirt bezeichneten Stellen des Vulgata=Textes in der Clementinischen Ausgabe gerade so, wie Luis vorgeschlagen, corrigirt seien.

7. In der wenige Jahre früher (Köln 1609) gedruckten Abhandlung über die Vulgata von dem bekannten spanischen Jesuiten Juan Mariana wird in den ersten Sätzen (bei Tournemine III, 73) in folgender Weise auf die Händel, die Luis und seine Freunde mit der Inquisition hatten, Bezug genommen: Opus molestum suscipimus multaque difficultate impeditum, periculosam aleam ac qua nescio an ulla disputatio his superioribus annis inter theologos, in Hispania praesertim, maiori animorum ardore et motu agitata sit odioque partium magis implacabali, usque eo ut a probris et contumeliis, quibus se mutuo foedabant, *ad tribunalia ventum sit*, atque quae pars sibi magis confidebat, adversarios *de religione postulatos* gravissime exercuit quasi impios, superbos, arrogantes, qui divinorum librorum auctoritatem atque eius interpretationis fidem, qua ecclesia utitur passim et vulgata editio nuncupatur, audacter elevarent, novis interpretationibus prolatis invectisque contra divinas leges et humanas [et] Concilii Tridentini decreta non ita pridem promulgata. Tenuit ea causa multorum animos suspensos exspectatione, quem tandem exitum habitura esset, cum *viri eruditionis opinione praestantes e vinculis cogerentur causam dicere, haud levi salutis existimationisque discrimine.* Omnino fregit ea res multorum animos alieno periculo considerantium, quantum procellae immineret. Itaque aut in aliorum castra transibant frequentes, aut tempori cedendum iudicabant. Et quid facerent? cum frustra niti neque fa-

tigando, ut ille ait, aliud quam odium quaerere, extremae dementiae sit. Plerique inhaerentes persuasioni vulgari libenter in opinione perstabant iis placitis faventes, in quibus minus periouli esset. Quod alios terrere potuisset, me magis ad conandum incitavit.

Wenn Mariana nicht an Luis' Qualificatoren speciell gedacht hat, so paßt es doch auf sie, wenn er weiter (S. 90 b) sagt: . . praeterea Gallos, Italos atque Germanos scriptores, qui libris de theologia editis non dubitant saepe editionis vulgatae defectus accusare. Quos grave est universos quasi impios et de religione male sentientes criminari, praesertim cum validis argumentis eorum sententia fulciatur. Unus quispiam temeritatis notam his omnibus theologis minimum inurendam censet, nae magis ipse temerarius et vim vocis ignorans, magnus scilicet theologus, *qualificator praeclarus.*

VIII. Bartolomé de Medina und Leon de Castro.

1. Bartolomé de Medina, so genannt von seinem Geburtsorte Medina del Rio Seco in Leon, hat in der theologischen Literaturgeschichte einen Namen als der erste Vertreter des Probabilismus [1]). Er war ungefähr gleichen Alters mit Luis, geboren um 1527 (seine Eltern hießen Andrés de Lillo und Ana de Santillana). Kurze Zeit später als Luis wurde er in Salamanca Ordensmann: am 26. November 1546 legte er in dem Dominicanerkloster Santisteban (St. Stephan) die Gelübde ab. Er lehrte in diesem Kloster, dann in den Klöstern San Gregorio zu Valladolid und Santa Maria la Real zu Trianos, kam dann nach Salamanca zurück und wurde dort im Februar 1570 Magister der Theologie (XI, 340. Er war schon 1566 wieder in Salamanca und wird in diesem Jahre schon Magister genannt; Tejada S. 31. Wahrscheinlich hatte er den Magistergrad anderswo erhalten; XI, 340 heißt es von ihm: se graduó maestro *por Salamanca* el año de 70). Ende 1572 ging er wieder nach Valladolid (X, 63. 186). Am 7. April 1573 erhielt er Luis' Lehrstuhl, die cátedra de Durando (Tejada S. 30. 44 f. o. S. 44 Anm. 1 ; XI, 188 unter dem 16. November 1575 wird el maestro Medina del colegio del Cardenal de Santa Cruz zu Valladolid erwähnt; ob dieses ein anderer Medina ist?). Nach seines Ordensgenossen Mancio Tode erhielt er 21. August 1576 die cátedra de

---

1) Quetif II. 257. Ergänzungen zu den biographischen Notizen bei Quetif finden sich bei Tejada S. 30.

prima (ſ. o. S. 38), die er bis zu ſeinem Tode am 30. December 1580 inne hatte. Von ſeinem Commentar zur Summa des h. Thomas iſt nach Tejada S. 30 ein Theil ſchon bei ſeinen Lebzeiten gedruckt worden; Hurter I, 20 citirt: in I, 2 Salmanticae 1582 et saepius, in III p. usque ad q. 60, ib. 1584. Die von Tejada erwähnte ſpaniſch geſchriebene Suma para confesores und andere Schriften ſcheinen nicht gedruckt zu ſein.

Luis hatte ſchon vor 1572 wiederholt Mißhelligkeiten mit Medina gehabt. Bei ſeiner Promotion zum Licentiaten trieb ihn Luis ſo in die Enge, daß ſein Präſes Mancio ihm heraushelfen mußte (XI, 260. 317). Später hatte Medina in ſeinem Kloſter zu einer Stunde Vorleſungen zu halten angefangen, in welcher Juan de Guevara an der Univerſität las; das wurde ihm auf Luis' Betreiben unterſagt (X, 259; Tejada S. 30). Im Jahre 1566 bewarben ſich beide um das Recht, Mancio zu ver= treten; der Rector entſchied zu Medina's Gunſten, der königliche Rath zu Madrid, an den Luis appellirte, für dieſen (XI, 259. 323; Tejada S. 31). Man erzählte ſich von Medina die Aeußerung: er vermöge wenig oder er werde Luis' Anſehen an der Univerſität ruiniren (XI, 260). Als Luis verhaftet wurde, bezeichnete er dem Familiar gegenüber, unter Bezugnahme auf dieſe Aeußerung, Medina als den Urheber des Pro= ceſſes (XI, 260. 316). Er hatte ſich ſchon im November 1571 bei dem Magiſter Sancho über Medina's Angriffe auf ſeine Anſicht über die Vulgata beklagt (X, 185. XI, 274). Auch Grajal und Martinez beklagten ſich über Medina's Anfeindungen (X, 227. 228. 318).

2. Medina's Denunciation war jedenfalls mit Veranlaſſung zu dem Proceß gegen die drei Freunde (ſ. o. S. 10). Die Sätze, welche er denuncirte, hatte er ſich meiſt von Studenten referiren laſſen (X, 25. 64. 318), und Luis ſagt mit Bezug darauf von ihm, er habe ſich das Amt eines Inquiſitors angemaßt (X, 324). Was Medina beim Zeugenverhör ausſagt iſt durchweg vage und unbedeutend (X, 5. 63); von den denun= cirten Sätzen wußte er im Einzelnen nicht mehr anzugeben, wer ſie ihm referirt und wer von den dreien ſie ausgeſprochen haben ſollte (X, 66).

Aus Luis' Antwort auf Medina's Ausſagen iſt folgendes bemer= kenswerth: Unter den Anklagen, welche Medina vorgebracht hatte, be= fanden ſich auch folgende: „Sie achten und lieben das Alterthum nicht, ſondern neue Dogmen und ſonderthümliche Meinungen. — Sie verſpotten die Erklärungen der h. Väter, z. B. die Verwendung von Gen. 1, 1; Pſ. 32, 6; 66, 8 zum Beweiſe für das Geheimniß der Dreifaltigkeit, von Pſ. 4, 7 zum Beweiſe für das Licht der natürlichen Vernunft, von Pſ. 35, 10 zum Beweiſe für das Licht der Glorie, von Pſ. 118, 109

zum Beweise für die Willensfreiheit, von Pf. 83, 12 zum Beweise da=
für, daß Gott der Urheber der übernatürlichen Gnade ist" (X, 286).
Luis antwortet darauf (X, 321): „Man möge meine Hefte nachsehen;
wenn sich darin eine Spur von Neuerungen findet und nicht vielmehr
eine Vorliebe für alles Alte und Heilige, so will ich ein Lügner sein.
Aber dieser Zeuge nennt alles neu, was er nicht in seinen Papieren
findet, und da er nur Weniges und Neueres gelesen hat, nennt er denjenigen
neuerungssüchtig, der das Alte und das, was bei den Kirchenvätern und
in den Concilien steht, entwickelt. Daß er von Neuerungen spricht, hat
seinen Grund in seinem geringen Wissen, und nicht in meiner Lehre."
Als Beispiel führt Luis Pf, 118, 109 an: mit Anima mea in manibus
meis semper wolle David nicht sagen, daß er Willensfreiheit habe, sondern
daß er stets in Lebensgefahr schwebe; so habe das ganze Alterthum die
Stelle erklärt, wie Hieronymus sage; so erkläre auch Augustinus und
Theodoret. „Ich habe diese Einzelheit besprochen, damit man sehe, wie
das, was dieser Zeuge als neu und dem Alterthum unserer Religion fremd
bezeichnet, gerade das Alte und das, was er für alt hält, das ist, was
er im Adam Gobam und Dormi secure findet und in anderen ähnlichen
Scharteken (trapacistas), die er liest."

3. In noch ungünstigerm Lichte als Medina erscheint Leon de
Castro. Er war älter als Luis und Medina, im December 1571
schon etwa 60 Jahre alt. Er war Magister der Theologie und als
solcher Mitglied der theologischen Facultät und z. B. bei Luis' Licen-
tiatenprüfung, bei der Revision des Vatablus 2c. betheiligt. Er hatte
aber keine theologische Professur, sondern die der „Grammatik"[1]). Auf
dem Titel seines 1585 erschienenen Apologeticus (s. u. S. 85) heißt er inge-
nuarum artium et utriusque philosophiae magister et patronus et
sacrosanctae theologiae doctor, collegii theologorum Salmanticensis
academiae decanus, canonicus. sacrarum literarum interpres in sancta
ecclesia Vallisoletana[2]). Er starb, wie es scheint, 1586.

--- --- ---

1) X, 7 im December 1571 heißt er catedrático de prima iubilado
de gramática. Er scheint also damals schon in Ruhestand versetzt gewesen zu sein
(das heißt iubilado). Wie eine cátedra de prima für Theologie, so gab es
auch eine solche, und wahrscheinlich auch eine cátedra de vísperas, für Grammatik. Bei Tejaba S. 59 wird auch ein catedrático de vísperas de canones
erwähnt.

2) Decan der theologischen Facultät war Castro nicht schon vor Luis'
Proceß, wie Wilkens S. 63 anzunehmen scheint, sondern erst viel später. In
den Prozeßacten wird immer Sancho als Decan erwähnt, und 1577 war es Ro-

Als Luis am 6. März 1571 zu dem Inquisitor ging, war Castro, wie er hörte, bei diesem, gab sich aber Mühe, daß Luis seine Anwesenheit nicht erführe (X, 186). Luis meint, er habe ihn damals oder kurz vorher denuncirt. Castro hatte aber jedenfalls schon Ende December 1571 gegen Luis und seine Freunde Zeugniß abgelegt (X, 7). Seine Aussagen sind sehr umfangreich, aber ebenso confus und, wie sich aus Luis' Antworten ergibt, theilweise entschieden unwahr. Luis sagt wieder= holt von ihm: er sei ein Mann von wenig Verstand und Urtheil (X, 202. 326), wie Jeder erkenne, der ihn nur zweimal gesprochen (X, 429); wenn er in Disput gerathe, werde er wüthend (X, 343), wisse nicht, was er sage und thue (X, 297), und verstehe in der Aufregung nicht, was sein Gegner sage (XI, 257; der Mag. Juan de Guevara, der über die letztere Behauptung befragt wird, bestreitet sie nicht, meint aber, das passire allen Theologen, wenn sie bei Disputationen heftig würden); ferner habe er die Gewohnheit, von dem, was er bei einem Kirchenvater oder Philosophen gelesen, zu sagen: so lehren alle Kirchenväter oder Phi= losophen (XI, 257; dieses bestätigt Guevara XI, 276). Castro sei, sagt Luis weiter, der argwöhnischste Mensch, den es gebe (X, 334). Nament= lich sei es ihm geläufig, diejenigen, die in exegetischen Dingen anderer Meinung seien als er, als judaei et judaizantes zu bezeichnen (X, 294). Insbesondere beehrte er Luis und seine beiden Freunde mit diesen Benen= nungen (XI, 299); aber auch von dem h. Chrysostomus meinte er ein= mal, derselbe judaisire (X, 202).

Einmal hatte Luis mit Castro bei einem öffentlichen Actus eine heftige und lange Disputation über den hebräischen Text und sein Ver= hältniß zu Septuaginta und Vulgata (X, 16). Sehr oft geriethen aber die Beiden an einander bei den Verhandlungen über die Revision des Vatablus. Luis gesteht, er habe bei diesen Gelegenheiten Castro oft als einen schlechten Kerl (ruin hombre) bezeichnet und ihm gesagt, sein Buch (über den Isaias) verdiene verbrannt zu werden, was Castro mit dem Compliment erwiederte, Luis verdiene verbrannt zu werden (XI, 255). Besonders empfindlich war es für Castro, daß ihm Luis nicht bloß in theologischen, sondern auch in philologischen Fragen, „die doch zu Castro's Profession gehörten," widersprach (XI, 256).

Unter dem, was über die Verhandlungen wegen des Vatablus mit= getheilt wird, ist folgendes für Castro charakteristisch: Er meinte, alle

driguez (s. o. S. 53). — Tejada S. 28 citirt eine Vida de Leon de Castro von dem Professor Vicente de la Fuente zu Madrid, gibt aber nur sehr dürftige biographische Notizen. Castro's Werke waren mir nicht zugänglich.

Pſalmen ſeien nach dem Literalſinn auf Chriſtus zu beziehen (X, 194. 295), ferner, die im N. T. citirten altteſtamentlichen Stellen ſeien aus= ſchließlich und buchſtäblich ſo zu verſtehen, wie ſie im N. T. angeführt würden. So folgerte er aus der Matth. 21, 16 angeführten Stelle Pſ. 8, 3: „Aus dem Munde der Kinder und Säuglinge haſt du dir Lob bereitet", daß beim Einzuge Chriſti in Jeruſalem auch die Säuglinge, die noch nicht ſprechen konnten, in Folge eines Wunders Hoſanna ge= rufen hätten; er berief ſich dafür natürlich auf „die Kirchenväter" (X, 342).

4. Sehr ſcharf urtheilt Luis nicht mit Unrecht über Caſtro's Com= mentar zum Iſaias [1]), welcher — was auch charakteriſtiſch iſt — von Antonio de Arce in einem Gutachten über Luis' Theſen ſehr lobend citirt wird (X, 114; ſ. u. IX, 11). Luis charakteriſirt das Werk (X, 350) ſo: Der griechiſche Text der Septuaginta weicht bei Iſaias ſehr ſtark von dem jetzigen hebräiſchen Texte ab, während die Vulgata mit dieſem im Ganzen übereinſtimmt. In ſeinem Commentar ſtellte nun Caſtro neben die Vul= gata die Ueberſetzung der Septuaginta und behauptete, da, wo der jetzige hebräiſche Text von dieſer abweiche, ſei er durch die Juden corrumpirt. Vor dem Drucke und nachdem ich die erſten Bogen des Werkes geſehen, machte ich Caſtro zuerſt im Vertrauen, dann bei einem öffentlichen Actus und in einer Facultätsſitzung darauf aufmerkſam, daß er auf dem Holzwege ſei: einmal ſei eine Corruption des hebräiſchen Textes durch die Juden über= haupt nicht anzunehmen, wie ſchon Auguſtinus und Hieronymus nachge= wieſen; dann ſei ſpeciell nicht anzunehmen, daß im Iſaias die meſſia= niſchen Stellen durch die Juden corrumpirt worden ſeien, da dieſelben im jetzigen hebräiſchen Texte viel klarer und beweiskräftiger lauteten als in der Septuaginta; und endlich ſtimme die Vulgata an den Stellen, wo die Septuaginta vom hebräiſchen Texte abweiche, mit dieſem überein und treffe alſo der Vorwurf einer Corruption durch die Juden auch die Vul= gata. Caſtro achtete nicht darauf, und auch der Theologe, dem die In= quiſition die Cenſur übertragen hatte, Dr. Valbas zu Alcala, ſtrich zwar große Paſſus, in denen Caſtro den h. Hieronymus behandelte, wie er jetzt mich behandelt, ließ aber das Buch ſonſt paſſiren. Mit der Zeit gab Caſtro zu, der hebräiſche Text ſei nicht corrumpirt, meinte aber nun, derſelbe biete verſchiedene Lesarten dar, von denen die eine in der Sep= tuaginta, die andere in der Vulgata wiedergegeben ſei. Ich erwiederte

---

1) Commentaria in Esaiam prophetam, ex sacris scriptoribus graecis et latinis confecta, adversus aliquot commentaria et interpre= tationes quasdam ex Rabbinorum scriniis compilatas. Salmanticae typis Matthiae Gast 1570. Fol.

ihm: von zwei verschiedenen Lesarten könne doch nur eine die richtige, und das werde doch wohl in diesem Falle die der Vulgata und somit die des jetzigen hebräischen Textes sein. Da ich ihm Ende 1571 andeutete, bei der Anfertigung des Index werde man auch wohl sein Buch prüfen müssen, versuchte er, da es mit Gründen nicht mehr ging, sich dadurch gegen mich zu vertheidigen, daß er sich mit Medina zur Verdächtigung meiner Orthodoxie verbündete. — Luis führt eine Stelle an, über welche er mit Castro bei dem erwähnten Actus disputirt hatte. Isaias 3, 16 haben die Septuaginta: Alligemus justum, quia inutilis est nobis, die Vulgata und der jetzige hebräische Text: Dicite justo, quoniam bene. Castro wollte nun den hebräischen Text so ändern, daß er mit der Septuaginta stimmte, und meinte dann, man könne beide Uebersetzungen für richtig halten, die der Kirche und die des h. Hieronymus, während Luis hervorhob, die Uebersetzung des h. Hieronymus sei ja die in der Vulgata stehende und darum von der Kirche approbirte; wenn diese also richtig sei, müsse die andere falsch sein. — Anderswo sagt Luis, Castro's Commentar trete der Auctorität der Vulgata mehr zu nahe als irgend ein anderes Buch; er halte aber darum den Verfasser nicht für einen Ketzer, sondern für einen Mann von wenig Urtheil (X, 202. 298). Später meint er Castro wegen seines Commentars als suspectus in fido bezeichnen zu können (X, 429). Jedenfalls hatte Castro bezüglich der Auctorität der Vulgata liberalere Ansichten geäußert als Luis. Denn als Luis einmal sagte, wo Vulgata und Septuaginta nicht übereinstimmten, habe man sich an jene zu halten, da das Tridentinum dieselbe für authentisch erklärt habe, meinte Castro, das Tridentinum habe die Vulgata nur den übrigen lateinischen Uebersetzungen vorgezogen (X, 421).

Wegen seines Commentars bekam indeß Castro doch auch Händel mit der Inquisition. Das Werk war schon 1567 druckfertig; aber nachdem es bereits von den Theologen zu Alcala approbirt worden war, wurde es 1569 in Folge einer von Luis eingereichten „Denunciation" (X, 424) zur nochmaligen Prüfung von dem Inquisitionsrathe nach Madrid eingefordert. Castro reiste in dieser Angelegenheit selbst nach Madrid, und es dauerte mehrere Monate, bis die Inquisition am 27. April 1570, nachdem das Werk selbst und Luis' Kritik desselben durch Fray Diego de Chaves geprüft worden, die Erlaubniß zum Druck ertheilte, freilich jetzt mit der Weisung an Francisco Sancho als Commissar der Inquisition zu Salamanca: er möge den Druck des Werkes möglichst fördern, da dasselbe ein gelehrtes Buch und es sehr wünschenswerth sei, daß es gedruckt und verkauft werde. Die Veröffentlichung hatte in Folge dieser Weiterungen viel Geld gekostet, — man sagte über 1000 Ducaten —

und das Buch ging nicht gut ab. An alle dem war nach Castro's Meinung hauptsächlich Luis Schuld (XI, 256. 274. 298. 307. 309. 311.
Tejada S. 28).

5. Später hat Castro noch einen Apologeticus pro lectione apo-
stolica et evangelica, pro Vulgata D. Hieronymi, pro translatione
LXX virorum proque omni ecclesiastica lectione contra earum
obtrectatores (Salamanca 1585, Fol.) herausgegeben. Die Herausgabe
dieses Werkes, welches ursprünglich Tractatus hyperaspistes heißen sollte,
„kostete Castro, wie Tejada S. 29 berichtet, sechs Jahre Hin- und Her-
reisen von Valladolid nach Madrid, von Madrid nach Alcala und von
Alcala nach Valladolid, da die Inquisition dasselbe nicht approbiren wollte
und die Universität zu Alcala es nicht so wohlwollend beurtheilte wie
das frühere. Weder die Dedication desselben an den Bischof und das
Capitel von Valladolid noch das demselben vorgedruckte lateinische Epi-
gramm von Francisco Sanchez de las Brozas [! s. o. S. 55] konnten
ihm einen bessern Absatz verschaffen als dem Commentar zum Isaias.“
Hurter (1, 163) berichtet über dieses Werk: „Obschon Richard Simon
(Hist. crit. du V. T. l. 3, ch. 17) einiges daran tadelt, schreibt er
doch nicht ohne Lob darüber so: »Die Apologie, welche Castro zur Vertheidigung der alten Uebersetzungen der Kirche gegen die neuen Uebersetzungen verfaßt hat, kann den Theologen gute Dienste thun; sie wäre
noch nützlicher, wenn der Verfasser sich nicht so sehr gegen die Rabbinen
ereifert hätte ꝛc.«.“ Das Urtheil R. Simon's klingt doch sehr viel
anders, wenn man mehr davon liest, als Hurter hier davon anführt.
Er sagt z. B.: „Die meisten Raisonnements dieses Gelehrten beweisen
nichts … Er behauptet, die Juden hätten absichtlich die hebräischen Exemplare der Bibel verfälscht und mehreres in den Handschriften der
Septuaginta ausgelassen. Als Hieronymus alt geworden, habe er es ge-
merkt, daß die Juden den Bibeltext mehrfach verändert. Der h. Geist
habe in ganz besonderer Weise den Geist des h. Hieronymus dirigirt,
daß er die Corruptionen der Juden vermieden und die hebräischen Wörter
mit den richtigen Vocalen gelesen habe … Er hat einen solchen Scharf-
blick, daß er sogar weiß, welche Werke Hieronymus geschrieben haben würde,
wenn er nicht so früh gestorben wäre; namentlich habe er eine Vertheidigung der von der Kirche autorisirten Bibelübersetzungen schreiben und
dabei beweisen wollen, daß die Juden ihre Exemplare corrumpirt hätten.
Dieser spanische Theologe begnügt sich nicht damit, dem h. Hieronymus
Bücher zuzuschreiben, an die dieser nie gedacht hat, er behauptet auch,
man habe die Schriften dieses Kirchenvaters an unzähligen Stellen, wo
er die Uebersetzung der Septuaginta tadelt, corrumpirt und mehreres inter-

polirt. Zuletzt macht er dem Masius den Proceß, weil derselbe in seinem Commentar über Josue fast nur die Schriften der Rabbinen citire. In dieser Weise hat Castro die alten Uebersetzer gerechtfertigt, indem er neue Systeme erfand, die er nur durch Paradoxa vertheidigen kann" [1]).

Außer den beiden genannten Werken erschien von Castro noch ein dritter Foliant: Commentaria in Oseam prophetam ex veterum patrum scriptis, qui prophetias omnes ad Christum referunt, Salmanticae apud haeredes Matth. Gastii 1586. Andere Schriften von ihm wurden 1624 zu Sevilla von dem Canonicus Prabo herausgegeben (Tejaba S. 29).

6. Wie Masius und Luis de Leon und dessen Freunde, so hat Castro auch Arias Montano verdächtigt (s. Llorente III, 78. Hurter I, 162). Mayans (Bibl. p. III) führt aus einem Briefe, den Pedro Chacon (er wird X, 188 als Bekannter Grajals erwähnt, s. o. S. 73) an Castro geschrieben, folgendes an: „Leute, die von Salamanca kommen, lassen verlauten, Sie hätten selbst oder durch eine zwischengeschobene Person bewirkt, daß diejenigen in Haft gekommen seien, welche in diesen Reichen die Theologie mit der griechischen und hebräischen Literatur in Verbindung bringen, um allein die Monarchie zu behaupten, und Sie wollten jetzt gegen Arias Montano dasselbe thuen, da Sie gehört, daß er nach Spanien zurückkomme, damit die Hunde, nachdem sie todt oder eingesperrt sind, nicht bellen und den Hinterhalt entdecken können." Tejaba S. 27 fügt bei, im Verlaufe dieses Briefes bezeichne Chacon Castro als „einen Ketzer, schlimmer als Celsus und Porphyrius, als Muhammedaner und Atheisten, der das feste Fundament der h. Schrift untergraben und die Auctorität der Inquisition als Werkzeug gebrauchen wolle, damit Niemand es wage, jenes Fundament wieder herzustellen"; in seinen Papieren verspotte und verhöhne Castro den Papst, die Cardinäle, die Bischöfe und den König wegen ihrer Mitwirkung bei der Herausgabe der Biblia Regia (der Antwerpener Polyglotte).

IX. Luis de Leon's Proceß.

Die Vorschriften über das Verfahren der Inquisition, welche der Groß-Inquisitor Fernando de Valdes, Erzbischof von Sevilla, im Jahre 1561 erlassen und welche auch bei Luis' Proceß in Anwendung kamen,

---

1) Joh. Morinus (Exercitationes biblicae, Paris 1669, S. 12) sagt: Zelo sane pio scripsit Castrius, sed literis hebraicis ad tantum opus, quod moliebatur, parum erat instructus.

stehen bei Llorente II, 297 ff. und in der Schrift: Vorschriften für das heilige Inquisitionsgericht, aus dem Spanischen übersetzt von Dr. S— (Stuttgart, Cotta 1830), S. 194 ff. Zur Ergänzung und Begründung der im Vortrage gegebenen Darstellung des Processes diene Folgendes.

1. Im Juli 1571 reichte Medina durch den Prior Pedro Hernandez zu Madrid dem Inquisitionsrathe 17 lateinische Sätze ein (sie stehen X, 286), welche er als Aeußerungen von Luis, Grajal und Martinez sich von Studenten hatte referiren lassen (X, 64). Darauf hin scheint die Untersuchung gegen die drei eingeleitet worden zu sein. Sie wurde Anfangs gegen alle drei zusammen geführt (X, 5; nach X, 231 fungirte sogar derselbe Fiscal in den Processen gegen alle drei): manche Actenstücke beziehen sich auf alle drei; bei anderen in die Acten des Processes gegen Luis aufgenommenen Stücken wird bemerkt, sie seien abschriftlich aus dem Proceß gegen Grajal entnommen (X, 47).

Noch im März 1575 vermuthet Luis, wie es scheint irrthümlich, man wolle seinen Proceß nicht eher beendigen, bis auch der gegen die anderen mit ihm verhafteten Magister zu Ende geführt sei (XI, 48). — S. über Grajal und Martinez oben S. 49.

In den Processacten werden übrigens gelegentlich noch mehrere andere damals in Valladolid anhängige Processe erwähnt, gegen Mag. Barrientos, Professor zu Salamanca (X, 135; er wurde im Mai 1572 freigelassen, X, 145) [1]), gegen Mag. Fray Alonso (X, 35 Antonio, wohl verschrieben) Gudiel (X, 62. 71. 95; er ist wohl identisch mit dem XI, 336 erwähnten Augustiner) [2]), gegen den Licentiaten Lemos (XI, 296) und Andere (X, 135. 390; XI, 12).

2. Als Veranlassung zu dem Processe gegen Luis bezeichnen Menbibil (II, 461) und Bouterwek (III, 241) unrichtig bloß die spanische Uebersetzung und Erklärung des Hohen Liedes. Noch unrichtiger sagt Llorente (II, 453), Luis sei als des Lutheranismus verdächtig denuncirt worden. Im Ganzen richtig gibt Ticknor (I, 470) die Anklage wieder. Wenn er aber (I, 471) sagt, am 6. März sei Luis vor

---

1) Es wird Bartholomäus Barrientos aus Granada sein, den Nic. Antonio I, 188 als Magister artium und Professor zu Salamanca und als Verfasser grammatischer Werke erwähnt, die zu Salamanca 1566 und 1570 erschienen.

2) Nic. Antonio I, 26 und Ossinger S. 418 erwähnen einen Augustiner Alphonsus Gudiel als professor primarius in academia Oscensi und Professor der Exegese in universitate Ossunensi und als Verfasser eines handschriftlich zu Valencia vorhandenen Commentars fast zur ganzen Bibel, mit dem Zusatze: floruit c. 1559.

ben Gerichtshof ber Inquisition zu Salamanca gelaben unb ange=
klagt worben, eine Ueberseßung des Hohen Liebes in der Volkssprache ge=
macht zu haben, während man die anderen Anklagepunkte weggelassen habe,
anscheinenb um sie nöthigenfalls später noch vorzubringen: so ist das ganz
unrichtig; s. o. S. 9. Zu Salamanca bestanb übrigens gar kein Gerichts=
hof der Inquisition, unb es ist darum weiter unrichtig, wenn Ticknor fortfährt:
„Der Hanbel wurbe vor den höhern Gerichtshof zu Vallabolib gebracht."
Der Gerichtshof war zu Vallabolib von Anfang an bas competente Tribunal.

Luis selbst berichtet über die Vorgeschichte des Processes (X, 185):
Kurz vor den Ferien, — also im Sommer 1571, gleich nachdem Mebina
seine Denunciation eingereicht, — habe er gehört, baß Mebina an den von
ihm vorgetragenen Säßen über die Vulgata unb an der spanischen Er=
klärung des Hohen Liebes Anstoß nehme. Er habe während der Ferien
nach Vallabolib reisen unb sich der Inquisition vorstellen wollen, sei aber
durch Krankheit verhindert worden. Nach St. Lukas (dem Enbe der
Ferien) hätten er unb Grajal mit dem Commissar der Inquisition, Fr.
Sancho, über die Anschuldigungen Mebina's gesprochen unb ihn gebeten,
er möge Mebina veranlassen, in einer Sißung (congregacion) seine An=
stöße vorzutragen. Das sei nicht geschehen, weil Mebina bamals krank
gewesen. Balb barauf sei berselbe nach Vallabolib gereist unb er selbst
sei krank gewesen, bis der Inquisitor nach Salamanca gekommen sei.
Diesem habe er sich am 5. März vorgestellt unb dem Secretär seine Ab=
hanblung über die Vulgata zurückgelassen (nebst einem andern Hefte, wel=
ches die Gutachten von Theologen über diese Abhanblung enthielt, (X, 98.
101; s. o. S. 73). — Am 6. März reichte er sein schriftliches „Bekenntniß"
ein. Wenn Ticknor sagt, diese Eingabe werde in den Proceßacten „mit
bem technischen, aber ganz unrichtigen Ausbrucke Bekenntniß" bezeichnet,
ba sie vielmehr seine „Antwort" gewesen sei, so ist das eine irrige Be=
merkung: am 6. März war Luis weber vorgelaben noch wurden ihm
Fragen vorgelegt.

3. Der Verhaftsbefehl gegen Luis (X, 174) beginnt: „Wir,
die apostolischen Inquisitoren gegen die häretische Schlechtigkeit unb Apo=
stasie in den Königreichen Castilien, Leon unb Galicien sammt dem Für=
stenthum Asturien, die wir residiren in dieser edlen Stabt Vallabolib ꝛc.".
Er ist aber batirt „Salamanca 26. März 1572" unb nur unterzeichnet
von dem Licentiaten Diego Gonzalez unb dem Secretär Celebon Gustin,
benselben, welchen Luis am 6. März seine Confession überreicht hatte
(X, 101). Der Inquisitor Gonzalez war auf einer Visitationsreise (ha=
ciendo la visita ordinaria, X, 130) nach Salamanca gekommen unb
blieb bort den ganzen Monat März (X, 48. 24), hat also auch bort im Na=

men des Gerichtshofs, dessen Mitglied er war, den Verhaftsbefehl aus-
gefertigt. Ein „Familiar des h. Officiums", Francisco de Almansa,
wird darin zum Alguacil (Häscher) ernannt und beauftragt, Luis zu verhaften, wo er sich auch befinden möge, — sei es auch in einer Kirche,
in einem Kloster oder an einem andern heiligen und privilegirten Orte, —
seine Habe zu sequestriren u. s. w. — ganz nach dem Reglement bei Llorente II, 300. Alle geistlichen und weltlichen Richter ꝛc. werden aufgefordert, nöthigenfalls dabei starke Hand zu leisten, „kraft des heiligen
Gehorsams und bei Strafe der größern Excommunication latae senten-
tiae trina canonica monitione praemissa u. s. w. — Auf der Rückseite
bescheinigen der Secretär Esteban Monago und Francisco de Chaves
(wahrscheinlich der Kerkermeister, alcaide dellos carceles), daß Almansa
den Verhafteten am 27. März in Valladolid abgeliefert habe.

Bei den Proceßacten findet sich außerdem (X, 143) ein notarieller
Act, datirt Salamanca 25. März, in welchem sich ein Einwohner von
Salamanca, Diego de Valladolid, mit seiner Person und seinem Ver-
mögen bis zum Betrage von 2000 Ducaten dafür verbürgt, daß Luis de
Leon, ohne einen Fluchtversuch zu machen, mit den von dem Inquisitor
Gonzalez zu bezeichnenden Personen in das Gefängniß zu Valladolid ge-
hen werde. Unter den drei Zeugen, die in dem Acte genannt werden,
befindet sich auch der Häscher Almansa. Vielleicht hatte diese Caution
den Zweck, Luis die Reise zu erleichtern, ihn vor Fesselung oder militä-
rischer Begleitung zu schützen [1]).

Am 14. April verfügten die Inquisitoren die Sequestration des Vermögens des Angeklagten (X, 96); am 15. fand das erste Verhör statt
(X, 180).

4. Das Gefängniß, worin Luis fast fünf Jahre verlebte, wird
als carceles secretas bezeichnet (XI, 23 und sonst). Luis war also in
Einzelhaft. Aber ein Kerker, in welchem er „das Tageslicht nicht erblickte",
wie Bouterwek (III, 241) meint, war das Gefängniß nicht, wie
Aubley (S. 337) gegen Wilkens (S. 272) ausführlicher nachgewiesen
hat. Wenn sich Bouterwek auf die Zueignung der Erklärung des 26.
(nicht 62.) Psalms an den Cardinal Quiroga beruft, worin Luis selbst
sagt, er habe „fast fünf Jahre im Kerker und in der Finsterniß gelegen"[2]),

---

1) Vergl. über die Verhaftung und Abführung B. Carranza's Laugwitz
S. 56 ff.

2) S. 324: cum quorundam hominum artibus in suspicionem laesae
fidei criminose vocatus, semotus ab hominum non solum sermone et con-
gressu, sed etiam aspectu, per quinque fere annos in carcere et in tenebris jacui.

so ist dieses jedenfalls nur ein rhetorischer Ausdruck, wohl veranlaßt durch die Anfangsworte des Psalms: Dominus illuminatio mea. In derselben Zueignung erzählt Luis einige Sätze weiter, was sich auch aus den Proceßacten ergibt, daß er sich im Gefängniß fortwährend mit „Lesen und Schreiben" beschäftigt habe [1]); auch die Erklärung des 26. Psalms verfaßte er im Gefängnisse.

Wenn Ticknor (I, 471) sagt: „Im Gefängnisse-verweigerte man ihm eine Zeit lang ein Tischmesser", so ist das auch nicht richtig. Wenige Tage nach seiner Verhaftung, am 31. März, verzeichnete Luis die Dinge, von denen er wünschte, daß man sie aus seinem Kloster für ihn holen lassen möge (X, 179): ein Bild der h. Jungfrau oder ein Crucifix, einige Schriften von Augustinus, Bernardus und Luis de Granada, eine Geissel (unas disciplinas), eine Schachtel mit Pulvern, die ihm eine Nonne für seine „Melancholie und Herzleiden" bereitete, einen messingenen Leuchter und eine Lichtscheere. Dann fährt er fort: „Auch bitte ich, mir ein Messer geben zu lassen, um das, was ich esse, zerschneiden zu können. Man kann es mir ohne Gefahr geben." Unter der Bittschrift steht die Verfügung der Richter: „Man gebe ihm das, was er verlangt, und in Anbetracht, daß er krank und schwächlich ist, soll ihm der Alcaide ein Messer ohne Spitze geben." Nach dem Reglement (Llorente II, 300) durfte nämlich der Gefangene keine Waffen und keine Dinge haben, „die in seinen Händen gefährlich sein könnten." Dazu wird man auch Messer, namentlich spitze Messer gerechnet haben.

5. Wenn Ticknor (I, 471) sagt, Luis habe mehr als fünfzigmal vor dem Gerichtshofe gestanden, so ist die Zahl der sog. Audiencias nicht zu hoch angegeben. In manchen wird aber Luis einfach auf seinen durch den Alcaiben überbrachten Wunsch vorgeführt, erbittet sich Papier und wird wieder abgeführt (X, 255. 311. 317 und oft). Daß ihm nur von einem Inquisitor oder Secretär paraphirtes Papier gegeben und die Zahl der ihm gegebenen Bogen jedesmal im Protocoll vermerkt wurde, war dem Reglement entsprechend (Llorente II, 311). Mitunter wurde ihm, wahrscheinlich wenn er wegen Unwohlseins die Zelle nicht verlassen konnte, das verlangte Papier durch den Alcaiben übersandt (X, 232).

Einmal klagt Luis, man habe ihn vierzehn Tage auf eine „Audienz", die er verlangt, warten lassen (XI, 40). Die Richter hatten damals über einen Punkt nach Madrid berichtet und erst die Antwort von dort

---

1) S. 325: dum exstare mihi ejus otii aliquem fructum volo et legendo assidue atque scribendo a molestis cogitationibus animum avoco, in 26. Davidis psalmum quaedam sum commentatus.

abgewartet. Sonst scheint immer die verlangte Audienz gleich bewilligt worden zu sein.

In den Audienzen war mitunter nur Ein Inquisitor anwesend (X, 180 ꝛc.), mitunter zwei (X, 184 ꝛc.), mitunter drei (X, 621), Bei den ersten Verhören waren anwesend die Inquisitoren Doctor Guijano de Mercado, Lic. Diego Gonzalez [1]) und Lic. Francisco Realiego (X, 180. 184). Seit Februar 1574 fungirte statt des letztern Lic. Balcarcer (X, 521), seit März 1575 Lic. Andrés Santos (XI, 53; er unterzeichnete schon 29. Juli 1572 mit den drei zuerst genannten ein Schreiben, XI, 295), seit December 1575 Lic. Andrés de Alava (XI, 207. 273), im September 1576 Lic. Pedro de Quiroga (XI, 347). Die Secretäre wechseln. — Die genannten Inquisitoren fungirten in den Audienzen lediglich als Untersuchungsrichter; bei der Fällung des Urtheils und der ihr vorhergehenden Durchsicht der Acten waren von ihnen nur Mercado und Alava betheiligt; s. u. No. 19.

Als Fiscal fungirte zuerst Lic. Diego de Haedo (X, 206), seit dem Januar 1574 Lic. Salinas (X, 511), zuletzt Lic. Prudencio de Armentia (XI, 356).

6. Das Zeugenverhör hatte schon vor Luis' Verhaftung im December 1571 begonnen. Wo ein Inquisitionsgericht bestand, nahmen die Inquisitoren das Zeugenverhör vor; so außer zu Valladolid auch zu Granada, Murcia und Toledo. Wo das nicht der Fall war, wie zu Salamanca, Arevalo ꝛc., verhörte ein Commissar des h. Officiums die Zeugen, zu Salamanca gewöhnlich Fr. Sancho. Einige Zeugen erschienen, ohne vorgeladen zu sein (sin ser llamado, X, 24); denn Jeder, der etwas Strafbares erfuhr, war verpflichtet, der Inquisition Anzeige zu machen (X, 85; s. o. S. 42). Wie man diejenigen, welche vorgeladen wurden, verhörte, zeigt die X, 75 abgedruckte Instruction. Nachdem der Zeuge vereidet und über sein Alter befragt worden, wird er gefragt, ob er wisse oder vermuthe, weshalb er vorgeladen sei. Verneint er das, so wird er gefragt, ob er wisse oder sagen gehört, daß Jemand irgend etwas gethan oder gesagt, was dem h. Officium mitgetheilt werden müsse (oder was gegen unsern heiligen katholischen Glauben und das evangelische Gesetz sei, X, 78). Verneint er auch dieses, so wird er gefragt, ob er nicht wisse oder sagen gehört, daß irgend Jemand diese be-

---

1) Dieser hatte 1559 in dem Proceß B. Carranza's eine traurige Rolle gespielt; s. Laugwitz S. 59. 91. Ob der Inquisitor „Lic. Diego Gonzalez, erwählter Bischof von Almeria,“ der am 28. April 1572 zu Granada ein Verhör leitet (X, 26), derselbe ist, scheint mir zweifelhaft.

stimmte Aeußerung gethan habe (oder ob er nicht wisse, daß irgend
Jemand, den die Inquisition habe verhaften lassen, etwas über Glaubens=
sachen geäußert, X, 79). Verneint er auch dieses, so wird ihm gesagt,
es sei dem h. Officium berichtet worden, daß er darum wisse; er solle
sich bedenken und die Wahrheit sagen.

Diejenigen Zeugen, deren Aussagen zur Begründung der Anklage
verwendet werden sollten, wurden ein zweites Mal vorgeladen. Es wurde
ihnen dann im Beisein von zwei Zeugen, welche eidlich Stillschweigen
geloben mußten, zunächst angekündigt, daß ihre Aussagen von dem Fiscal
gegen den Angeklagten verwendet werden würden; sie wurden dann ermahnt, die Wahrheit zu sagen, und es wurde ihnen ihre frühere Aussage vorgelesen und die Frage vorgelegt, ob sie etwas zu modificiren
oder beizufügen hätten (X, 30. 85 u. o.). Dieses zweite Verhör hieß
Ratification (Llorente II, 307) [1].

Dem Angeklagten wurde der Inhalt der Zeugenaussagen ohne
Nennung von Namen mitgetheilt (Llorente II, 307). Sie nehmen sich
in dieser Gestalt sehr sonderbar aus. So wurde z. B. Luis nach X,
280 folgendes Excerpt vorgelegt (das in Parenthese Gesetzte füge ich aus
dem X, 51 stehenden Verhör des Zeugen bei): „Ein anderer Zeuge,
welcher im Juni 1572 vernommen wurde (Mag. Alonso Rejon), sagte:
er erinnere sich, daß in einem gewissen Theile von Salamanca, den er
bezeichnete (im Universitätsgebäude), nach der Verhaftung einer gewissen
Person, die er nannte (Grajal's), der Mag. Fray Luis de Leon von
einer gewissen Seite her (aus seinem Hörsaale) auf eine gewisse Person,
die er bezeichnete (Rejon selbst), zugekommen sei und dieser gesagt habe,
man habe eine gewisse Person (Grajal) nach Valladolid geführt; zugleich habe er (Leon) sich über einige Personen von einem gewissen
Stande, die er bezeichnete (über einige Magister der Universität), beklagt,

---

1) Eine Unregelmäßigkeit scheint bei dem 21. und 22. Zeugen in Luis'
Proceß (dem Augustiner Pedro de Uceda und dem Canonicus Dr. Velazquez)
vorgekommen zu sein. Ihre Aussagen wurden im Januar 1574 als die von
„vereideten und ratificirten Zeugen" publicirt (X, 500. 502. 510. 512). Sie
waren am 14. August und 9. October 1572 vernommen worden (X, 85. 92);
aber die Ratification fand erst am 4. Februar und 25. Januar 1576 statt (X,
90. 96). Man scheint also erst später das Versehen bemerkt und die Ratification
nachträglich vorgenommen zu haben. Von einem andern Zeugen (dem Dominicaner Vicente Hernandez zu Granada), der schon am 9. März 1573 als „ver-
eideter und ratificirter Zeuge" bezeichnet worden war (X, 274), sagen die Richter
selbst am 5. Mai 1576, er sei erst jetzt ratificirt worden (XI, 218; X, 30).

und namentlich über eine gewiſſe Perſon, die er nannte (Juan Gallego)"
u. ſ. w.

7. Der Zeugen, deren Ausſagen Luis vorgelegt wurden, ſind 22,
darunter die Profeſſoren Medina, Leon de Caſtro und Juan Gallo,
einige Studenten von Salamanca (darunter einer, Pero Rodriguez, der
auch in den Acten mit dem Spitznamen Doctor sotil, Doctor subtilis,
bezeichnet wird und den nicht nur Luis, ſondern auch andere Zeugen
als einen Halbverrückten charakteriſiren, X, 18. 357. 431; XI, 265),
ein Franciscaner (Gaſpar de Uceda), ein Dominicaner (Vicente Hernandez), acht Auguſtiner (Gabriel de Montoya, Francisco de Arboleda,
Joſeph de Herrera, Hernando de Peralta, Diego de Zuñiga, Pedro de
Uceda ꝛc.).

Die „Publication" der erſten 16 Zeugenausſagen fand am
3. März 1573 ſtatt (X, 260); am 3. April wurden Luis die Ausſagen
von drei „hinzugekommenen" Zeugen publicirt (X, 307); am 7. November
die des 20. (X, 290), und im Januar 1574 die des 21. und 22.
(X, 500. 511). Was die drei erſten dieſer hinzugekommenen Zeugen
ausſagen, betrifft einen neuen ſpeciellen Klagepunkt, der aber ſo nichtig
und ſchlecht begründet iſt, daß er gar nicht weiter in Betracht gezogen
wird (X, 382. 419. 499). Die Ausſagen der drei letzten Zeugen enthalten nichts Neues von Bedeutung (X, 511. 512); zudem waren die
Zeugen, deren Ausſagen im Januar 1574 publicirt wurden, ſchon im
Auguſt reſp. October 1572 vernommen worden: ſo daß hier der Verdacht einer abſichtlichen Verlängerung des Proceſſes nahe liegt.

Von den Zeugenausſagen, wie ſie „publicirt" worden waren,
wurde dem Angeklagten eine Abſchrift gegeben. Luis behauptete am 15.
April 1573 (X, 313), die Abſchrift ſtimme nicht genau mit dem, was
man ihm vorgeleſen, überein. Die darauf ſofort angeſtellte Vergleichung ergab laut dem Protocoll (X, 316) nur wenige, ganz unwe-
ſentliche Differenzen. Luis wiederholte aber am 14. Mai ſeine Behauptung (X, 325). Es läßt ſich nicht conſtatiren, ob hier wirklich eine
Unehrlichkeit vorliegt.

In ſeinen ſchriftlichen Entgegnungen auf die Zeugenausſagen bezeichnet
Luis ſieben Zeugen, die er aus dem Inhalte erkannt, mit Namen: Medina, Caſtro, den Doctor sutil und ſeine Ordensgenoſſen Montoya,
Arboleda, Zuñiga und Pedro de Uceda. Den letzten Zeugen (Dr. Velazquez, Canonicus zu Toledo) hält er anfangs für identiſch mit dem 15.
(Zuñiga), erkennt aber bald, daß dieſer nur derjenige iſt, auf deſſen Ausſagen der neue Zeuge ſich ſtützt (X, 504. 512). Von dem achten Zeugen

sagt er, es sei Domingo Bañez oder ein anderer Dominicaner (X,440; XI, 219); es war der Franciscaner Gaspar de Uceda.

Eine Confrontation der Zeugen mit dem Angeklagten fand niemals statt. Die Scene, welche Audley S. 341 schildert: „Als der Angeklagte den Gabriel de Montoya auftreten sah, rief er vor dem versammelten Gerichtshofe aus: Alle Welt weiß, daß dieser Mensch nie ein wahres Wort sagt," — ist ein reines Phantasie-Stück. In einer schriftlichen Erklärung thut Luis eine ähnliche Aeußerung über diesen seinen Ordensgenossen: „Er ist unter uns bekannt als ein Mann, der nie, es sei denn aus Versehen, die Wahrheit sagt."

Auf den wiederholt von Luis ausgesprochenen Wunsch, es möchten Zeugen nochmals vernommen und ihnen bestimmte Fragen vorgelegt werden, wodurch die Unrichtigkeit oder Unschädlichkeit ihrer früheren Aussagen ans Licht kommen würde (X, 398. 403. 419. 499), und es möge gegen gewisse Zeugen, denen er Widersprüche oder Lügen nachgewiesen habe, von dem Gerichtshofe ein Verfahren eingeleitet werden (X, 439. 446. 495. 498), wird keine Rücksicht genommen.

8. Seine Schutzzeugen konnte Luis natürlich erst namhaft machen, nachdem ihm die Anklage mitgetheilt war. Am 4. Juni 1572 reicht er ein Verzeichniß von 18 Augustiner-Mönchen ein, mit dem Bemerken, da demnächst ein Ordens-Capitel stattfinde, auf welchem einzelne Mönche nach entfernten Orten versetzt werden könnten, so bitte er die Richter, zu verordnen, daß die von ihm Bezeichneten sich nicht entfernen dürften, bis sie verhört seien (XI, 253). Am 24. Juli 1572 reicht er sein erstes Interrogatorio ein, eine Reihe von 35 Fragen; bei jeder derselben sind die Zeugen genannt, denen sie vorgelegt werden solle. Der Secretär des Gerichtes hat darunter geschrieben: „Präsentirt, salvo iure impertinentium" (XI, 266). Der Gerichtshof hatte nämlich das Recht, zu entscheiden, über welche von den beantragten Fragen Zeugen zu vernehmen seien. Von den sechs Interrogatorien, die Luis einreichte (das sechste betraf bloß die Vernehmung des Erzbischofs von Granada), wurden das zweite, dritte und vierte ganz, in den anderen einzelne Fragen als „ungehörig" erklärt (XI, 253. 273). Es sind darunter neben wirklich unwesentlichen Dingen auch Fragen, die wohl von Bedeutung hätten sein dürfen, so namentlich solche, welche sich auf die Verhandlungen über die Emendation des Vatablus beziehen, worüber Luis mehrere seiner Collegen verhört haben wollte (XI, 269). Die in dem ersten Interrogatorium (vom 24. Juli 1572) genannten Zeugen wurden im Juli und August 1572 und im Januar und Februar 1573 vernommen (XI, 275. 295; mehrere Zeugen waren aber abwesend XI, 296; — vgl. unten No. 20).

Das zweite Interrogatorium (vom 17. October und 26. November 1572 XI, 208. 273), das dritte (vom 10. Juni 1573, XI, 286; vgl. X, 473) und das vierte (vom 12. August 1574, XI, 293) wurden, wie gesagt, cassirt. Die am 17. Juli 1574 beantragte Vernehmung des Erzbischofs von Granada fand am 12. October (in dessen Hause durch einen Inquisitor) statt (XI, 291). Das fünfte Interrogatorium, welches sich bloß auf den Beweis bezieht, daß gewisse Personen von Luis mit Recht als feindlich gesinnt perhorrescirt würden, ist vom 10. Juni 1573 datirt (XI, 331). Das betreffende Zeugenverhör findet erst im Jahre 1576 statt (XI, 341); vielleicht ist 1573 verdruckt für 1575. — Von dem Resultate des Verhörs der Schutzzeugen wurde dem Angeklagten keine Mittheilung gemacht (Llorente II, 313).

9. Zum Advocaten (letrado) des Angeklagten ernannten die Richter unmittelbar nach der Publication des Anklageactes des Fiscals am 6. Mai 1573 den Doctor Ortiz de Funes (X, 217). Er legte am 18. Mai den üblichen Eid ab, daß er den Angeklagten gut und recht mit allen Kräften vertheidigen wolle ꝛc. Dann wurden ihm die von Luis bis dahin eingereichten Schriftstücke und die Protocolle über die bisherigen Verhöre vorgelesen. Nach dem Reglement der Inquisition (Llorente II, 310) durfte der Advocat mit dem Angeklagten nur in Gegenwart wenigstens eines der Inquisitoren sprechen (X, 548. 555 u. o.); Luis erbittet sich mitunter bloß zu dem Zwecke eine Audienz, um mit seinem Advocaten zu sprechen (XI, 36 u. o. Auch mit seinem theologischen Beirathe, patrono, — s. u. No. 14 — durfte Luis nur in Gegenwart eines Inquisitors verhandeln, XI, 53. 125). — Der Advocat wird Luis bezüglich der juristischen Formen ꝛc. und der von ihm eingereichten Recusationen, Protestationen, Appellationen ꝛc. berathen haben; die Schriftstücke, welche von beiden unterzeichnet sind, hat ohne Zweifel ihrem Hauptinhalte nach Luis selbst entworfen. Ein von dem Advocaten allein eingereichter förmlicher Antrag auf Freisprechung wird in den Proceßacten (XI, 131) erwähnt (s. u. No. 15), ist aber nicht mit abgedruckt.

10. Einen sehr ausgedehnten Gebrauch macht Luis von der dem Angeklagten zustehenden Befugniß, die Personen namhaft zu machen, welche er wegen persönlicher Feindschaft als Zeugen, Consultoren oder Richter recusiren (recusar X, 231, gewöhnlich tachar X, 559 u. o.) zu dürfen glaube. Schon in der am 6. März 1572 eingereichten „Confession" sagt er: wenn man Theologen als Begutachter wählen wolle, möge man nicht Dominicaner wählen, mit denen er und sein Kloster mehrfache Streitigkeiten gehabt, auch nicht Hieronymiten, die ihm nicht wohl wollten, weil er ihrem Ordensgenossen Hettor Pinto bei der Be-

werbung um eine Professur opponirt habe, ferner nicht Leon de Castro, mit dem er wegen seines Buches (über den Isaias) heftigen Wortwechsel gehabt, den Magister Rodriguez, der zweimal sein Mitbewerber um eine Professur gewesen, und den Dr. Muñoz, dem er bei einer Bewerbung um eine Professur entgegengetreten sei (X, 100). Am 9. September und wieder am 20. October 1573 beklagt sich Luis, daß man, wie er gehört, einige seiner Papiere dem Dominicaner Juan Gutierrez zur Prüfung übergeben; er habe alle Dominicaner „als Feinde recusirt"; sie seien keine unbefangenen Beurtheiler und könnten ihm wenigstens durch Verschleppung der Sache schaden (X, 482. 483). Am 31. März 1574 recusirt er außer den Dominicanern und Hieronymiten auch die Theologen der Universität Alcala, da sie „wegen vieler alten und neuen Ursachen notorische Gegner der Theologen von Salamanca" seien (X, 559). Wiederholt bringt Luis auch darauf, die Inquisition solle darauf achten, daß nicht Feinde seines Vaters, seines Oheims und seiner Brüder als Richter oder Consultoren zugelassen würden; nennen könne er solche in seinem Gefängnisse nicht (X, 484).

Unter den Belastungszeugen bezeichnet er als Feinde Medina (XI, 317), Castro (X, 326), seine Ordensbrüder Montoya (X, 366), Arboleda (X, 370), Zuñiga (X, 373) und mehrere Andere (X, 331), die gar nicht als Zeugen vernommen waren. Ueber die angebliche Feindschaft mehrerer der hier Genannten wurden die von Luis vorgeschlagenen Zeugen vernommen (X, 341). Ihre Aussagen begründen durchweg keinen juristischen Beweis für eine feindselige Gesinnung, der sich ja überhaupt nicht leicht führen ließ. Da schließlich auf die Aussagen der Belastungszeugen bei dem Urtheil kein Gewicht gelegt wurde, so ist dieser Punkt von keiner großen Bedeutung. Daß persönliche Rancune von Seiten Medina's und Castro's die Hauptveranlassung zu dem Processe gegeben und daß feindselige Einflüsse die Verschleppung desselben verschuldet haben, ist unzweifelhaft.

Von größerer Bedeutung ist der Punkt der „Feindseligkeit" bei der Wahl der Qualificatoren und „Patrone"; s. u. No. 13.

11. Das mehrerwähnte Reglement für die Inquisition bestimmt: wenn es sich bei einer Denunciation um theologische Sätze handle, die der Angeklagte ausgesprochen, so sollten dieselben durch Theologen geprüft und „qualificirt", d. h. gutachtlich angegeben werden, ob und welche Censur — haeretica, temeraria u. s. w. — dieselben verdienten (Llorente II, 297). So wurde denn zunächst die von Luis selbst am 6. März 1572 eingereichte Abhandlung über die Vulgata Theologen zur Qualification übergeben. In den Acten finden sich darüber zwei kurze Gutachten, ein spanisch geschriebenes, von dem Prior Alfonsus Carrillo und

dem **Fr. B. Mancius Hernandez** unterzeichnet (in der Ueberschrift wird nur letzterer genannt), und am 3. Mai 1572 eingereicht, und ein lateinisch geschriebenes von dem **Mag. Francisco Sancho**, (Decan der theol. Facultät und) Commissar des h. Officiums in Salamanca, ohne Datum, aber sicher aus derselben Zeit (X, 127. 132). Beide Gutachten sprechen sich dahin aus, daß Luis der Auctorität der Vulgata zu nahe trete; in dem ersten werden einige Sätze als irrthümlich, übel klingend und verwegen bezeichnet.

In dem Anklage=Acte vom 5. Mai (X, 206) heißt es: Luis habe „viele häretische, scandalose und übelklingende Sätze ausgesprochen, behauptet und vertheidigt", namentlich 1. behauptet, die Vulgata enthalte viel Falsches und man könne eine andere, bessere Bibelübersetzung machen; 2. die von Christus und den Evangelisten erklärten alttestamentlichen Stellen könnten auch anders, nach den Deutungen der Juden, erklärt werden und man dürfe auch neue Deutungen der h. Schrift versuchen; 3. im A. T. sei keine Verheißung des ewigen Lebens enthalten; 4. er habe bei der Erklärung der h. Schrift, namentlich der Psalmen und des Buches Job, die Deutungen des Vatablus und des Pagninus, der Rabbinen und Juden der Vulgata und den Deutungen der Kirchenväter vorgezogen; 5. er habe a. die Septuaginta herabgesetzt und b. behauptet, das Tridentinum habe die Vulgata nicht als Glaubenssatz definirt (non difinó como de see la edicion Vulgata), sondern nur approbirt; 6. er habe behauptet, das Hohe Lied Salomon's sei carmen amatorium ad suam uxorem; er habe ferner das H. L. in die Volkssprache übersetzt und diese Uebersetzung Vielen in die Hände gegeben; 7. er habe gegen Jemand eine Aeußerung gethan, aus welcher nothwendig folge, daß der Glaube allein rechtfertige und daß man nur durch eine Todsünde den Glauben verliere; 8. er habe die Schriftauslegungen der Kirchenväter, namentlich des h. Augustinus, verspottet; 9. er wisse, daß Andere häretische 2c. Sätze vorgetragen, und leugne dieses; 10. er habe noch andere Irrthümer behauptet, die im Verlaufe des Processes specificirt werden sollten. Diese Punkte sind in den von Medina denuncirten Sätzen (X, 286) nur zum Theil enthalten; sie sind aus den Zeugenaussagen entnommen.

Ueber diese Punkte wird zunächst Luis selbst vernommen. Von seinen Aussagen wird am 10. Mai dem Fiscal Abschrift gegeben. Dieser hält seine Anklage aufrecht, und die Inquisitoren verordnen nun, beide Theile sollen den Beweis antreten. Der Fiscal bittet um die Publication der Zeugenaussagen, nachdem dieselben ratificirt worden seien (X, 230). Am 13. Juni 1572 beantragt der Fiscal, die Klage=Beantwortungen der Magister Leon, Grajal und Martinez möchten, da dieselben die Dominicaner und Hieronymiten recusirt hätten, durch drei auswärtige Theologen (Ochoa, Liermo und Babillo) qualificirt werden. Die Inquisitoren erklären, sie würden geeignete Männer designiren; es sei aber nicht nöthig, Auswärtige zu berufen (X, 231). Es ist aber vorerst von Qualificationen nicht mehr die Rede. Es werden zunächst die Zeugenaussagen publicirt und von Luis beantwortet. Nur über eine Aeußerung, die Luis nach der Aussage eines Zeugen (X, 490) gethan: in der Vulgata seien viele Stellen schlecht übersetzt; diese Behauptung widerspreche nicht dem Tridentinum — werden zwei ganz kurze „Qualificationen" mitgetheilt, eine von Dr. Frechilla vom 11. November 1573 (X, 129) und eine von Fray Rodrigo de Teran ohne Datum, aber sicher aus derselben Zeit (X, 132).

12. Von den genannten zehn Anklagepunkten ist später nicht mehr die Rede. Es scheint sogar, daß die Anklage, wie sie zuerst formulirt worden war, Anfangs 1574 förmlich fallen gelassen wurde. Wenigstens sagt Luis am 12. September 1575 (XI, 190), vor mehr als anderthalb Jahren, also Anfangs 1574[1]), hätten seine Richter erkannt, daß er sich bezüglich der Zeugenaussagen völlig gerechtfertigt; dieses Urtheil sei rechtskräftig geworden, da der Fiscal nicht dagegen, sondern nur gegen die Entscheidung appellirt habe, daß er nicht auch wegen der von ihm eingereichten Abhandlung über die Vulgata zu verfolgen sei. Das oberste Inquisitionsgericht scheint dann entschieden zu haben, der Proceß sei wegen der Abhandlung über die Vulgata fortzuführen (XI, 38). Ein solches Urtheil, wie hier vorausgesetzt zu sein scheint, findet sich freilich in den Proceßacten nicht; auch wird bei den weiteren Verhandlungen (in den gleich zu erwähnenden 30 Sätzen) wieder auf die Zeugenaussagen zurückgegriffen, wenn auch manche derselben nicht mehr urgirt werden. Jedenfalls tritt mit Anfangs 1574 der Proceß in eine neue Phase, womit vielleicht der Wechsel in der Person des Fiscals (s. o. S. 91) zusammenhängt.

Am 20. März 1574 wird Luis — „auf den Antrag des Fiscals und auf Befehl des obersten Inquisitionsrathes", wie er XI, 38 berichtet, — angekündigt, in der Abhandlung über die Vulgata, welche er vor seiner Verhaftung eingereicht, hätten sich 17 Sätze gefunden, die theils häretisch, theils irrig, theils scandalos zu sein schienen; er solle sich über dieselben aussprechen (X, 533). Die Sätze (sie stehen lateinisch X, 527) werden ihm vorgelesen, und er spricht sich ganz kurz darüber aus und erhält dann eine Abschrift derselben.

---

1) Am 21. November 1575 (XI, 196) sagt er „nachdem er zwei Jahre gefangen gesessen", was denselben Zeitpunkt ergibt.

Zwei Tage später, am 22. März 1574, wird Luis eröffnet: aus der Zeugniß-Aufnahme habe man 30 Sätze entnommen, die theils häretisch, theils irrig, theils scandalos zu sein schienen; er solle sich darüber äußern und von jedem Satze sagen, ob er häretisch, irrig oder scandalos sei. Diese Sätze (sie stehen spanisch X, 537) sind sehr schlecht geordnet; mehrere sind ganz gleichbedeutend und einige mit Sätzen, die auch unter den 17 lateinischen vorkommen, identisch. Auf die Vulgata beziehen sich acht; andere auf die Septuaginta, auf hermeneutische Grundsätze, neutestamentliche Citate von alttestamentlichen Stellen, jüdische, patristische und neue Schriftauslegungen, auf das Hohe Lied und auf die Verheißung des ewigen Lebens im A. T. Die auf diese Punkte bezüglichen Sätze decken sich inhaltlich mit Punkten in dem ersten Anklage-Acte. Aus diesem wird in den 30 Sätzen nicht reproducirt der 7. Punkt (von der Rechtfertigung durch den Glauben); dagegen sind neu die Sätze: 14. es sei nicht de fide, daß die h. Jungfrau nie läßlich gesündigt; 21. die Grammatik genüge zum Verständniß der h. Schrift, die Theologie sei dazu nicht nöthig; 24. 29. der hebräische Bibeltext sei nicht corrumpirt; 23. 25. Mönche verletzten das Gelübbe der Armuth nicht, wenn sie Kleinigkeiten verschenkten und dergl.

Da sich Luis bei seinen mündlichen Aeußerungen über diese 30 Sätze bei vielen darauf beschränkt, zu sagen, er habe sie nicht ausgesprochen, wird ihm bemerkt: das habe er schon erklärt; jetzt würden ihm die Sätze vorgelegt, damit er sie „qualificire", also sage, ob er sie für richtig, häretisch u. s. w. halte. Luis antwortet auf dieses eigenthümliche Ansinnen: über die Sätze, die er als die seinigen anerkenne, habe er sich in dieser Hinsicht ausgesprochen; was aber die anderen betreffe, die er nicht als die seinigen anerkenne, so sei er ja nicht Richter, sondern Angeklagter; auch könne er darüber nicht sofort ein Urtheil abgeben; wenn man ein solches von ihm wolle, möge man ihm Zeit lassen, bis er sie mit Muße geprüft habe (X, 544). Auch von diesen 30 Sätzen wird ihm Abschrift gegeben.

In den nächsten Tagen reicht er schriftliche Erklärungen bezüglich der 17 und der 30 Sätze ein (X, 549. 555); er verlangt darin zugleich, man solle ihm Abschrift der Gründe geben, auf welche hin der Censor die 17 Sätze seines Heftes beanstandet habe (X, 551). Dieses wird von den Inquisitoren nach einer Anfrage in Madrid abgelehnt (X, 564. 566). Luis wiederholt sein Verlangen am 19. Mai in einer Bittschrift an den General-Inquisitor (XI, 7), wird aber nochmals abschlägig beschieden (XI, 11).

Am 15. Mai wird Luis ein von einem Studenten geschriebenes, 68 Quart-Blätter starkes Collegienheft de sacrae scripturae ratione et auctoritate¹) vorgelegt (X, 567). Er erklärt, sein eigenes Heft, nach welchem er vor acht oder neun Jahren vorgetragen, befinde sich in seiner Zelle; für das, was sein Zuhörer geschrieben, könne er nicht einstehen. Gleichwohl wird ihm das Heft am 15., 17., 21. und 22. Mai vorgelesen. Luis erklärt erst mündlich und dann schriftlich, manches sei nicht richtig nachgeschrieben, er könne aber unmöglich im Einzelnen angeben, was er wirklich vorgetragen und was der Zuhörer hinzugethan oder verkehrt geschrieben habe. Von diesem Hefte ist dann bei den weiteren Verhandlungen nicht mehr die Rede, wenn nicht die unten No. 18 zu erwähnenden Sätze daraus entnommen sind.

13. Jetzt treten die Qualificatoren in den Vordergrund. Am 26. März 1574 verlangt Luis, man solle denjenigen, welchen man seine Lehre zur Begutachtung vorlegen wolle, nicht bloß die 17 Sätze, sondern die ganze Abhandlung einhändigen, aus der sie entnommen seien (X, 552). Am 31. März recusirt er die Dominicaner und Hieronymiten und die Theologen von Alcala und fügt dann bei: manche Theologen hätten nicht die nöthige Freiheit, um ihre Meinung über seine Abhandlung über die Vulgata zu sagen, weil sie durch seine und seiner Freunde Verhaftung eingeschüchtert seien; andere, die Theologen hießen, hätten nicht die nöthige Gelehrsamkeit, um auf diesen Namen Anspruch machen oder um die betreffenden Fragen beurtheilen zu können; er bitte darum, den Erzbischof von Granada und die Bischöfe von Jaen, Segovia und Plasencia²) als Consultoren zu wählen (X, 561). Am 1. April wird Luis aufgefordert, patronos teologos zu wählen, die ihn bei seiner Vertheidigung mit ihrem Rathe zu unterstützen hätten (X, 562; Luis selbst bezeichnet XI, 45 die Aufgabe des patrono so: er habe den Angeklagten bei dem, worin er Recht habe, zu unterstützen, hinsichtlich dessen, worin er Unrecht habe, eines Besseren zu belehren). Luis schlägt die Doctoren Perez, Garcia, Velazquez, Ribera und Ojeda vor. Der Inquisitionsrath zu Madrid verlangt, ehe er entscheidet, ein Verzeichniß der Theologen, die man in Valladolid als patronos und calificadores zu verwenden pflege (X, 564), und entscheidet dann: es sei unbedenklich, auch solche Theologen, welche sich über die fraglichen Sätze als Qualificatoren geäußert, zu patronos des Angeklagten zu nehmen, da deren Amt sei,

---

1) Es scheint dieses das Heft zu sein, welches Fr. de Arboleda bei seinem Verhör (X, 41) als von einem Augustiner geschrieben erwähnt. Am Rande des Protocolls über dieses Verhör ist notirt: „Dieses Heft soll aufgesucht werden".

2) Dieser war schon am 17. Januar 1573 gestorben, was Luis also im Gefängniß nicht erfahren hatte.

ben Angeklagten zu belehren, nicht aber, bie Sätze, bie etwa häretisch seien, zu vertheidigen. Wenn also Luis Patrone aus der Zahl der regelmäßigen Qualificatoren wähle, so könnten diese ernannt werden, nöthigenfalls aber auch Andere, welche bie nöthigen Eigenschaften hätten. Die von Luis gestellte Bitte, baß kein Theologe, der in seiner Sache bereits ein Gutachten abgegeben, mit der fernern Begutachtung beauftragt werden möge, könne nicht berücksichtigt werden (X, 565).

Endlich am 26. Juni 1574 werden, nach weiterer Corresponbenz mit Mabrib (XI, 11. 12), Luis vier Theologen genannt, aus denen er sich Patrone auswählen könne: der Benebictiner Placibo de Salinas, der Trinitarier Raimunbo Teran, der Professor Cancer an der Universität unb der Lector Nicolas Ramos im Kloster San Francisco zu Ballabolid (XI, 13). Luis erklärt, er kenne biese nicht unb wisse nicht, ob sie befähigt seien, seine Sätze über bie Bulgata zu beurtheilen, wozu mehr gehöre als Kenntniß der Scholastik. Er bitte, man möge ben früher vorgeschlagenen Dr. Perez unb neben biesem den Dominicaner Hernanbo bel Castillo oder den Dr. Cancer ernennen. Am 30. Juni nimmt er seine Erklärung bezüglich Castillo's zurück (XI, 15), unb am 14. Juli reicht er eine Appellationsschrift ein, worin er sich beklagt, baß man ihm Perez verweigere (X, 16). Am 27. Juli wird ihm eröffnet, man habe Perez als Patron bewilligt; er müsse ihn aber auf seine Kosten kommen lassen (XI, 18). Von Mabrib kommt aber jetzt ein Schreiben des Inhaltes: bezüglich des Dr. Perez müsse man erst in seiner Heimath Anbalusien unb an anderen Orten Erkunbigungen über seine limpieza [1])

---

1) Damit scheint nicht „Rechtschaffenheit" oberbergl., sondern ein reiner Stammbaum im Gegensatz zu der Abstammung von Juben gemeint zu sein. Luis sagt XI, 18, er halte Perez für einen „alten Christen", unb XI, 39 spricht er von Erkunbigungen über seine limpieza y linage unb limpieza de su linaje, bie er für zweifellos halte. — Sebastian Perez war (nach Nic. Antonio II, 283) früher Professor der Philosophie zu Salamanca gewesen, bann von Philipp II. an bas Collegium im Escurial berufen worden; er war auch Lehrer des Carbinals Albert von Desterreich. 1583 wurde er Bischof von Osma, wo er 1593 starb. Er hat 1564 zu Salamanca Aristoteles de anima, lat. interpretatione, commentariis et disputationibus illustrata herausgegeben; ferner De sensibus sacrae scripturae, Burgos 1587, unb De sacramentis, Burgos 1588; Doctrina cristiana y su declaracion, Osma 1586. — Die Schrift De sensibus etc. wirb von Basilio Ponce de Leon (bei Tournemine III, S. 128. 138 s. o. S. 78) wieberholt citirt; Perez wirb dabei vir judicio, integritate et doctrina praestans genannt. — Seb. Perez wirb ibentisch sein mit bem Sebastianus Petrejus, Dr. theol., dessen Approbation vor Luis' 1580 erschienenem Commentar zum H. L. steht (Tejaba S. 75).

einziehen; auch werde es auf Schwierigkeiten stoßen, daß er vom Könige Urlaub erhalte (XI, 21; Perez war Professor der Theologie in dem königlichen Collegium zu Parraces XI, 26). Luis erklärt nun, nachdem ihm dieses eröffnet worden, am 4. August, man möge ihm den Magister Mancio (f. o. S. 38), Medina und Cancer als Patrone geben oder Mancio allein (XI, 22). Am 21. August erklärt er „endgültig", er wähle Mancio allein oder in Verbindung mit Medina und Perez, falls dieser gleich kommen könne (XI, 27). — Er sagt später (XI, 39), er habe, nachdem man ihm Dr. Perez verweigert, „wie verzweifelt", Mancio und Medina, obschon sie Dominicaner und seine Feinde und Verleumder seien, vorgeschlagen, damit die Wahrheit um so glänzender siege.

14. Erst am 9. Oktober 1574 wird Mancio in Luis' Gegenwart als sein Patron vereidet, von den Inquisitoren und von Luis selbst über die Sachlage orientirt und ihm die 17 lateinischen Sätze mit einer Vertheidigungsschrift von Luis eingehändigt (XI, 29). Am 13. October gibt er vor den Inquisitoren (in Luis' Abwesenheit) ein Gutachten ab: in der Abhandlung über die Bulgata, woraus die 17 Sätze entnommen sind, findet er mehreres irrig (XI, 31); bezüglich der Vertheidigungsschrift erklärt er, Luis habe sich hinsichtlich der 17 Sätze genügend gerechtfertigt, nur spreche er nicht hinlänglich deutlich aus, daß die Bulgata nicht bloß in dem, was den Glauben und die Sitten betreffe, sondern auch in unbedeutenden Dingen unfehlbar wahr sei (XI, 34).

Luis schöpfte aber bald gegen Mancio Verdacht. Schon am 16. October bat er, man möge demselben nicht gestatten, seine Papiere mit nach Hause zu nehmen, da sie dort den anderen Dominicanern zu Gesicht kommen könnten, und am 25. October erklärt er, er recusire Mancio als Patron, aus Gründen, die er später angeben werde; wenn Mancio in seiner Sache eine mündliche oder schriftliche Aeußerung abgegeben, möge man sie ihm abschriftlich mittheilen (XI, 36). Auf den Bericht der Inquisitoren über diese Erklärung, entschied der Madrider Inquisitionsrath am 4. November: Mancio brauche bis auf weiteres nicht wieder nach Valladolid zu kommen; mit dem Proceß sei ohne Rücksicht auf Luis' Recusation fortzufahren; die erbetene Abschrift sei diesem nicht zu geben (X, 37). Am 7. December 1574 reichte Luis eine längere Vorstellung (XI, 38) ein, worin er sich zuerst über die lange Verzögerung der Ernennung seines Patrons und über die in Bezug auf Dr. Perez erhobenen Bedenken beklagt, dann auch darüber, daß man wegen seiner Recusation Mancio's nach Madrid berichtet habe, ohne die von ihm angekündigte Motivirung abzuwarten. Diese Motivirung folgt dann: Mancio habe seine Papiere, die er in wenigen Stunden hätte durchsehen können, fünf oder sechs Tage in Händen gehabt und sich dann unter dem Vorwande entfernt, er müsse beim Beginne der Vorlesungen (St. Lukas, 18. Oct.) in Salamanca sein; er habe dadurch den Verdacht auf sich geladen, daß er mit Medina und den anderen Dominicanern zu Salamanca gegen ihn conspirire und ihm wenigstens durch Verschleppung der Sache schaden wolle. Man habe ihn damit vertröstet, Mancio werde jedenfalls vor dem 15. November wiederkommen, und er habe darauf erklärt, in diesem Falle ihn als Patron behalten zu wollen; wenn er jetzt da sei, wolle er ihn behalten, sonst ernenne er den Canonicus Babillo zu Palencia und den Augustiner Francisco Cueto, die beide Commissarien des h. Officiums seien, zu seinen Patronen. Diese Vorstellung wurde nach Madrid gesandt und von dort einfach rescribirt: da Luis wünsche, daß Mancio sein Geschäft vollende, möge es gestattet werden (XI, 44).

In einer weitern Eingabe vom 13. Januar 1575 sagt Luis: Mancio habe im October sein Gutachten bezüglich der Vulgata abgegeben, ohne sich darüber mit ihm zu besprechen; er sei dann am 23. December wieder-gekommen und habe die anderen Papiere (die 30 spanischen Sätze, XI, 47) 13 Tage in Händen gehabt; man möge ihn auffordern, sein Gutachten darüber zu entwerfen und über beide Gutachten mit ihm zu verhandeln, ehe er wieder abreise (XI, 45). Am 6. März klagt Luis wieder: er bitte nun seit zwei Monaten vergebens um eine Besprechung mit Mancio (XI, 47).

Endlich, am 30. März war Mancio wieder in Valladolid und hatte nun in Gegenwart eines Inquisitors eine Besprechung mit Luis. Dieser legte eine neue Erörterung über die 17 lateinischen Sätze vor (XI, 55—124) und erklärte, er habe von jeher gelehrt: die Vulgata sei ihrem ganzen Inhalte nach, nicht bloß bezüglich der auf den Glauben und die Sitten bezüglichen Dinge, unfehlbar wahr. Mancio erklärte sich nun bezüglich der Vulgata für vollkommen befriedigt und fügte bei, Luis be-günstige die Vulgata mehr als alle anderen Theologen, die er kenne (XI, 53. 125). Am 7. April wurde dann über die 30 spanischen Sätze ver-handelt. Mancio constatirte, daß 22 derselben von Luis als nicht von ihm behauptet abgelehnt würden, sechs an sich oder in dem von Luis gemeinten Sinne richtig seien und die zwei anderen (23 und 25, s. o. S. 99) den Glauben nicht berührten. (Einige Monate später starb Mancio; s. o. S. 39).

15. In den nächsten Wochen scheint nichts geschehen zu sein, um den Proceß weiter zu führen. Die nächsten Actenstücke sind aus dem Anfang Mai 1575. Dahin gehört auch wohl der Antrag von Luis' Advocaten auf Freisprechung, welcher nicht abgedruckt und von dem XI, 131 nur bemerkt ist, er sei voll juristischer Citate und bekämpfe die Zeugen-

ausfagen. Luis felbft reichte am 4. Mai eine Denkfchrift ein, worin
er feine Vertheidigung refumirte (XI, 131), und gleichzeitig einen
Antrag des Inhalts: wenn man, wie er höre, die von Mancio begut=
achteten Säße anderen Confultoren vorlegen wolle, möge man ihm Ge=
legenheit geben, fich darüber zu äußern; er fei auch bereit, mit noch wei=
teren Patronen, etwa dem Dr. Balcarcer und den früher genannten Ba=
billo, Cueto und Cancer, zu verhandeln oder feine Säße vor gelehrten
und unbefangenen Theologen, die man verfammeln möge, zu vertheidigen
(X, 129). Diefes Anerbieten wiederholte er am 6. Mai, fügte aber bei,
das Einholen weiterer Gutachten werde neue Verzögerungen verurfachen;
er glaube fordern zu dürfen, daß man feinen Proceß ohne weiteres zu
Ende führe (XI, 141). Diefen Antrag wiederholte er fehr eindringlich
am 1. Juli (XI, 148).

16. Mittlerweile waren aber endlich auch Gutachten von Quali=
ficatoren eingeholt, Die beiden erften find vom 15. Juni 1575
batirt (XI, 151—179). Sie find von dem Dr. Cancer und dem Fran=
ciscaner=Guardian Nicolas Ramos in fpanifcher Sprache gefchrieben und
betreffen die 17 lateinifchen Propofitionen mit Berückfichtigung der Ab=
handlung, woraus diefelben entnommen waren. Cancer fchickt eine früher
(wann, erhellt nicht) von ihm ausgearbeitete lateinifche Qualification (XI,
151—169) voraus, und erklärt fchließlich: von den 17 Säßen feien 6
verae simpliciter, 5 haereticae simpliciter, 6 verae quodam modo
oder haereticae ex parte. Ramos erklärt: Wenn Luis anerkenne, die
Vulgata fei bezüglich des Inhaltes, nicht bloß in Sachen des Glaubens
und der Sitten, fondern auch in allem Uebrigen unfehlbar wahr, fo fei
das nicht genügend; er dürfe auch nicht behaupten, daß einige Worte
aptius et significantius, als in der Vulgata, überfeßt werden könnten;
denn der h. Geift, der den Ueberfeßer geleitet, habe demfelben die paffend=
ften Worte dictirt. Alle Doctoren fagten, die Septuaginta hätten nur
auf den Sinn geachtet, Hieronymus aber darauf, daß feine Ueberfeßung
Wort für Wort mit dem Original übereinftimme; dafür habe auch der
Papft Damafus in der ganzen Kirche Gebete veranftalten laffen, und
Hieronymus felbft habe viel gebetet, gefaftet und fich bisciplinirt, daß er
doch die h. Schrift mit demfelben Geifte überfeßen möge, durch welchen
fie den erften Verfaffern dictirt worden fei (f. X, 174. 176. 177 und
in einem fpätern Gutachten deffelben „Gelehrten“ XI, 227) [1].

---

[1] Nicolas Ramos, geb. zu Villafaba in der Diöcefe Palencia, wurde
fpäter Provincial feines Ordens, 1591 Bifchof von Portorico, dann Erzbifchof
von San Domingo; als folcher ftarb er 1631. Im Jahre 1576 wurde von

17. In der von Luis am 30. März 1575 eingereichten Vertheidigungsschrift über die Vulgata (XI, 82) hatte aber Cancer fünf neue bedenkliche Sätze gefunden (X, 179). Ueber diese verfaßten Cancer, Frechilla und Ramos eine „Qualification" (XI, 183), welche am 4. August 1575 den Inquisitoren überreicht wurde. Am 20. August wurde Luis über diese fünf Sätze vernommen und am 12. September reichte er eine schriftliche Erklärung darüber ein. Er bemerkt darin: es sei zu beklagen, daß es Consultoren gebe, die an so einfachen Dingen Anstoß nähmen und sich für Theologen hielten; er habe seine Lehre längst genügend vertheidigt, daß man ihn freisprechen könne, erbiete sich aber wiederholt, mit weiteren Patronen zu verhandeln oder mit den Censoren vor Theologen, welche die Inquisition bestimmen möge, zu disputiren; er wolle dann beweisen, daß die Censoren Ignoranten seien. Zugleich klagt er wieder über die Verschleppung seines Processes (XI, 186).

Die Inquisitoren sandten die fünf Sätze und Luis' Antwort nach Madrid und erhielten von dort — zur mehrern Verschleppung der Sache — unter dem 26. September die Weisung, die fünf Sätze auch dem Fray Domingo Bañez und dem Fray Antonio de Arce vorzulegen. Sie schrieben zurück, Luis habe Bañez und alle anderen Dominicaner recusirt, und erhielten nun unter dem 8. October die Weisung, die Sätze durch de Arce und andere geeignete Theologen qualificiren zu lassen (XI, 195).

Man beeilte sich damit in Valladolid gar nicht. Am 5. December reichte Dr. Gallego aus dem Collegium de Santa Cruz eine Qualification der fünf Sätze ein (XI, 208). Unter dem 12. December wird vermerkt, der Magister Medina in demselben Collegium (ob Luis' Denunciant Bartolomé de Medina? s. o. S. 79) sei beauftragt worden, gemeinsam mit seinem Collegen Espinosa Propositionen zu qualificiren (XI, 188). Das sind wohl dieselben fünf Sätze; von Medina's Hand findet sich aber in den Acten nichts, und von Espinosa wird nur vermerkt, daß er der Qualification Gallego's zugestimmt habe. Wahrscheinlich haben die drei, welche alle dem Collegium de Santa Cruz angehörten, die Qualification gemeinschaftlich gemacht. Antonio de Arce (auch ein Dominicaner) reichte

---

ihm zu Salamanca in Quart gedruckt: Assertio veteris vulgatae lectionis iuxta decretum sacrosancti Concilii Tridentini; ein zweiter Theil des Werkes soll zu Valladolid 1577 erschienen sein. So Nic. Antonio II, 154. Da das Werk nicht wesentlich besser sein wird als die oben erwähnten Gutachten, so ist es doch wohl ein ungebührliches Lob, wenn Antonio und nach ihm Hurter (I, 55) es als doctrinae, eruditionis et elegantiae plenum opus bezeichnen. — Ueber die anderen Qualificatoren habe ich keine Notizen gefunden.

seine Qualification der fünf Sätze am 22. December ein (XI, 199). Beide Qualificationen sind klägliche Machwerke.

18. Es scheint fast, als hätte man neues Material zur Anklage gesucht. Am 29. Februar 1576 reichte Antonio de Arce eine Qualification von 21 lateinischen Sätzen ein, die man ihm übergeben, ohne ihm den Namen des Verfassers zu nennen (X, 111. 116). Diese Sätze (X, 102) sind ohne Zweifel auch aus Luis' Abhandlung (oder aus dem Collegienheft, s. o. S. 100) entnommen, waren bisher Luis nie zur Verantwortung vorgelegt worden, und sind noch unverfänglicher als die 17 Sätze. Antonio de Arce findet freilich viel Anstößiges darin; desgleichen Dr. Cancer, von welchem eine (nicht datirte, aber sicher gleichzeitige) Qualification einiger dieser 21 Sätze dahinter steht (X, 122). Die Inquisitoren scheinen aber doch mit diesen Elucubrationen der beiden Gelehrten nichts haben anfangen zu können. Es ist von den 21 Sätzen nicht weiter mehr die Rede.

19. Mittlerweile hatte Luis im November 1575 die Bittschrift nach Madrid gesandt, worin er um Unterbringung in einem Kloster bat (XI, 196). In den nächsten Monaten geschah wieder nichts. Am 22. März 1576 reichte Luis wieder eine resumirende Darstellung des Processes ein (XI, 215). Erst am 5. Mai findet einmal wieder eine Audiencia statt. Luis bittet um endliche Beendigung seines Processes. Wie zum Hohne wird ihm gesagt, man habe ihn jetzt vorgefordert, um ihm zu sagen, daß der neunte Zeuge erst jetzt „ratificirt" worden sei; ob er etwas darüber zu bemerken habe? (XI, 219).

Endlich am 26. Mai 1576 werden fünf Qualificatoren vor den Inquisitor beschieden, um ihr Gutachten darüber zu Protocoll zu geben, ob der Angeklagte durch seine Erklärungen die bezüglich seiner Sätze erhobenen Bedenken beseitigt habe (XI, 220). Es sind folgende: Fr. Hernando del Castillo, Prior von St. Paul, Nicolas Ramos, Guardian der Franciscaner, Dr. Cancer aus dem Collegium Santa Cruz und Dr. Frechilla, Professoren an der Universität zu Valladolid, und Antonio de Arce, Dominicaner von St. Paul. Zuerst werden die 17 lateinischen Sätze und die Abhandlung, woraus sie genommen waren, begutachtet, dann die fünf nachträglichen Sätze (XI, 232), zuletzt die 30 spanischen Sätze, bezüglich deren aber die Qualificatoren sich nicht darüber zu erklären haben, ob sie als Aussagen Luis' erwiesen seien, sondern lediglich, ob und welche Censur sie verdienen. Dieses Verhör der Qualificatoren nimmt eine Reihe von Sitzungen in Anspruch (XI, 244). Am 22. Juni findet die letzte statt. Die fünf Gelehrten sind nicht immer einig, und über einzelne Punkte reichen sie einzeln oder mehrere zusammen schriftliche

Vota ein. In Bezug auf die meisten der 17 Sätze erklären sie sich
(meist mit Ausnahme von Ramos, der am ungünstigsten urtheilt) zufrieden gestellt, aber nicht in Bezug auf alle. Bemerkenswerth ist wegen
des später erfolgenden Urtheils, daß drei Qualificatoren anerkennen, in
der Abhandlung komme nichts vor, was eine Censur verdiene, — auch
die 17 Sätze seien im Zusammenhange viel weniger bedenklich, — aber
der Verfasser sei von der Schuld nicht frei zu sprechen, daß er in diesen Zeiten
eine solche Materie vor Studenten behandelt habe, da es doch die Pflicht
des Theologen sei, „in öffentlichen Vorlesungen die vom Concil approbirte Ausgabe nicht zu entblößen, sondern möglichst zu bekleiden" (XI,
229). Ramos meint schließlich, es werde genügen, wenn Luis die be-
anstandeten Sätze widerrufe, ohne daß man ihm eine Abschwörung oder
sonstige Strafe auflege (XI, 231).

20. Vor der Abstimmung der Richter zu Valladolid im September
1576 heißt es (XI, 351): an der Durchsicht der Acten (la vista deste
proceso) hätten die Licentiaten Juan de Ibarra und Don Hernando
Niño wegen Erkrankung nicht bis zum Ende Theil genommen und darum
auch nicht mit abgestimmt. Die Abstimmenden waren: Lic. Francisco
de Menchaca del consejo de S. M., die Inquisitoren Dr. Guijano be
Mercado und Lic. Andrés de Alava (s. o. S. 91), drei oidores desta
Real audiencia y chancilleria, nämlich Lic. Luis Tello Maldonado,
D. Pedro de Castro und Francisco de Albornoz, und als Vertreter des
Bischofs von Salamanca der Professor Frechilla. Pedro de Castro er-
klärte, er werde sein Votum schriftlich abgeben[1]); es findet sich nicht
bei den Acten. Menchaca, Alava, Tello und Albornoz stimmten dafür:
Luis sei unter der Anwendung der Folter zu befragen (sea puesto á
quistion de tormento) bezüglich der Intention und der auf Indicien
und Zeugenaussagen gestützten Anklagepunkte (sobre la intencion y lo
indiciado y testificado)[2]) und bezüglich der als häretisch bezeichneten
Sätze, — wiewohl die Theologen zuletzt seine Erklärungen bezüglich dieser
Sätze als befriedigend angesehen hätten; — die Folter solle aber in
Anbetracht der Schwächlichkeit des Angeklagten nur mäßig angewendet
werden; mit Rücksicht auf das, was er bei diesem Verhör antworten

---

1) Ticknor sagt I, 472 ganz richtig: „Einer verlangte seine Meinung
schriftlich abzugeben." In dem Supplement S. 78 wird dann unrichtig gesagt:
statt „schriftlich" müsse es heißen „abgesondert." XI, 353 steht ganz deutlich:
dijo que dará su voto por escripto.

2) Ungenau bei Ticknor I, 472: „daß er gefoltert werden solle wegen
seiner Absichten bei dem, was vorgebracht und bezeugt sei."

werde, möge man dann weiteres beschließen. Guizano und Frechilla erklärten: in Anbetracht der Erklärungen, welche die zuletzt vernommenen
Qualificatoren sowie der Angeklagte selbst und sein Patron über die
Sätze, welche die Anklage bildeten, abgegeben hätten, stimmten sie dafür:
dem Angeklagten sei von dem h. Officium ein Verweis für die Schuld
zu ertheilen, die er sich durch die Behandlung der fraglichen Materie
unter den jetzigen Zeitverhältnissen zugezogen, mit Rücksicht auf die daraus
entstehenden Inconvenienzen und auf die Gefahr und das Aergerniß, welche
dies verursachen könne, wie die Qualificatoren in der allgemeinen Censur
über das ganze Heft, woraus die 17 lateinischen Sätze entnommen seien,
gesagt hätten; der Angeklagte solle ferner in dem großen Hörsaale der
Universität vor den versammelten Studenten und Universitätsangehörigen
und einigen Doctoren der Universität eine Erklärung abgeben über die
verdächtigen und zweideutigen und Aergerniß zu geben geeigneten Sätze,
welche man ihm in einem von den Qualificatoren anzufertigenden Ver-
zeichnisse sammt der von diesen zu entwerfenden Erklärung einhändigen
werde; ferner solle man in nicht richterlicher Weise (extrajudicialmente)
dem Vorgesetzten (perlado) des Angeklagten sagen, er solle demselben,
ohne die Absetzung oder eine sonstige Erklärung auszusprechen, aufgeben, seine Studien anderen Gegenständen seines Faches zuzuwenden,
in welchen er der gemeinen Sache (à la república) nützen könne, und
sich des öffentlichen Docirens an der Universität und anderswo enthalten; die spanische Uebersetzung des Hohen Liedes solle verboten und
confiscirt werden; die zu dem Proceß gehörigen Bücher und Papiere seien
von dem h. Officium zurückzuhalten.

21. Die „definitive Sentenz,“ welche der Gerichtshof zu Valladolid
Christi nomine invocato fällte und publicirte (X, 354) stimmt genau
mit dem Urtheil des obersten Inquisitionsrathes (s. S. 17) überein, ohne
daß dieses darin erwähnt wird. Durch ein Versehen hatte man un-
terlassen, der Sentenz und dem Protocoll das Datum beizufügen. Das
Versehen wurde erst bemerkt, als der Secretär am 13. August 1577 für
den maestresouela von Salamanca eine Abschrift anzufertigen hatte (XI,
356. 358). Da die Petition von Luis um eine Bescheinigung seiner
Freisprechung (XI, 357) vom 15. December 1576 datirt ist, so hat
ohne Zweifel auch an diesem Tage die Publication des Urtheils stattgefunden [1].

---

[1] Der Herausgeber der Biblioteca gibt S. III irrthümlich jenes Datum,
13. August 1577, als Datum der definitiven Sentenz an.

Ticknor sagt I, 473: „Der oberste Gerichtshof befahl, ihn völlig freizusprechen (absuelto de la instancia deste juicio)." Die „Absolution von der Instanz" sprachen aber die Richter aus, wenn sie in den Beweisstücken keinen genügenden Grund zur Fortsetzung der Procedur fanden, wiewohl sie den Angeklagten nicht für unschuldig hielten (Llorente I, xxxvii), wenigstens nicht seine Unschuld als erwiesen ansahen. Daß diese Freisprechung aber wenigstens in diesem Falle thatsächlich als volle Freisprechung behandelt wurde, ergibt sich schon daraus, daß Luis in der eben erwähnten Petition ein Zeugniß erbat und ein solches erhielt, „durch welches der Universität documentirt würde, daß er von der Instanz freigesprochen [1]) und in der Weise freigelassen worden sei, daß er ohne irgendwelche Pönitenz oder Censur alle geistlichen und amtlichen Functionen wieder übernehmen könne (que pueda ejercer cualquiera de las cosas que tocan á mis ordenes y oficio)." Zugleich bat er um eine Anweisung an den Quästor der Universität auf Auszahlung seines Gehalts vom Tage seiner Verhaftung bis zum Ablauf des Quadrienniums.

Auch in der Widmung der Erklärung des 26. Psalms an den Cardinal Quiroga sagt er: Crimine et *suspicione criminis exsolutum* libertatique ac dignitati meae pristinae redditum me tandem meis meosque mihi restituisti (S. 325), und in der Vorrede zu der lateinischen Erklärung des H. L.: meque ipso post multos ac magnos labores eiusdem Dei beneficio pristinae dignitati atque *integrae opinioni* aliquando tandem restituto (Fol. 4a). Vgl. unten S. 113.

22. Von dem Urtheil des obersten Inquisitionsgerichtes sagt Ticknor (I, 473), dasselbe werde „durch die vier Handzeichen von vier Beamten dieses hohen und geheimnißvollen Gerichtshofes bestätigt, während die Bescheinigung durch den Schriftführer offen mit Nennung seines Namens geschehen sei" [2]). XI, 343 steht allerdings unter dem Protocoll: Hay cuatro rúbricas; aber auf der folgenden Seite stehen unter dem Schreiben an die Inquisitoren zu Valladolid, welches die Entscheidung des obersten Tribunals enthält, die vollen Namen: Ad mandata D. V. (des Groß-Inquisitors?) Lic. Hernando de Vega de Fonseca, Lic. de Tamiño, Lic. Don Hieronimo Manrique, Lic. Salazar. Auch andere Schreiben des obersten Inquisitionsgerichtes an die Inquisitoren zu Valladolid sind von vier Mitgliedern unterzeichnet (X, 566; XI, 11. 13).

---

1) quo yo por vuestras mercedes fui absuelto de la instancia que contra mí hizo el fiscal deste Santo Oficio delante vuestras mercedes.

2) Im Englischen S. 80: the secretary *alone* certifying it openly by his name.

Dem Angeklagten waren allerdings die Namen des General-Inquisitors und der Mitglieder des obersten Inquisitionsrathes nicht bekannt: er fragte am 5. Mai und wiederholt am 21. August 1574 danach, um eventuell einzelne derselben als Richter in seiner Sache zu recusiren (X, 567; XI, 23. 29).

So viel sich aus den Acten ergibt, hat der oberste Inquisitions-rath zu Madrid auf den Gang von Luis' Proceß keinen besondern Ein-fluß geübt. Unter dem 10. Januar 1573 monirte er: man habe an-gefangen, Vertheidigungen (defensas, die von Luis eingereichten Interro-gatorien für seine Schutzzeugen, s. o. S. 94) anzunehmen, ohne daß die Publication (der Aussagen der Belastungszeugen, die erst am 3. März 1573 begann, s. o. S. 93) stattgefunden; das sei „gegen alle Ordnung und Stil" und hätte nicht geschehen dürfen trotz des Gesuches des An-geklagten (X, 349). Weitere Schreiben des Inquisitionsrathes kommen erst vom April 1574 an vor, als es sich um die Ernennung von Quali-ficatoren und Patronen handelt (X, 564; XI, 11. 12. 21. 37. 44. 195; s. o. No. 13. 14. 16).

Am 12. Mai 1574 richtete Luis ein Gesuch an den General-In-quisitor, er möge, „als der Vater und Beschützer der Gefangenen, dessen Amt es sei, dafür zu sorgen, daß richtig und ohne bösen Verdacht Recht ge-sprochen werde," darauf achten, daß kein persönlicher Feind seiner Familie, namentlich seines Vaters und seines Oheims, in seiner Sache als Zeuge, Richter oder Consultor zugelassen werde (XI, 5; s. o. S. 96). Dieses Gesuch wiederholte er am 7. August (XI, 24). Es wurde einfach für unnöthig oder unzulässig erklärt. — In einer andern Bittschrift vom 19. Mai 1574 beklagte er sich, daß man ihm die Gutachten der zu Qualificatoren ernannten Theologen nicht vollständig vorlegen wolle, und sprach dann über seinen Proceß im Allgemeinen (XI, 7). Die Bittschrift wurde durch die Richter mit einem Begleitschreiben befördert, hatte aber keinen weitern Erfolg (XI, 11). Im August 1574 erklärte Luis, wegen einiger Verfügungen seiner Richter an den obersten Inquisitionsrath appelliren zu wollen (XI, 23). Diese Appellation wurde aber in Madrid nicht angenommen. In einer am 6. März 1575 eingereichten Bittschrift spricht Luis die Vermuthung aus, seine Richter hätten sich bereits über das Urtheil geeinigt, es aber ihm noch nicht publicirt, entweder weil der Fiscal nach Madrid appellirt habe, oder weil von dort aus angeordnet sei, sein Urtheil erst nach Beendigung des Processes der anderen Professoren (Grajal und Martinez) zu verkünden. Gegen letzteres legt er Ver-wahrung ein; im erstern Falle verlangt er Abschrift von der Appellation des Fiscals (XI, 47). Luis' Vermuthung war allem Anscheine nach irrig;

der Bescheid von Madrid lautet einfach: es sei mit dem Proceß gegen Luis gemäß den gegebenen Weisungen vorzugehen und die Beendigung desselben und des Processes gegen die anderen Professoren thunlichst zu beschleunigen (XI, 53).

Ueber die auf den Empfang der Sacramente 2c. bezüglichen Bitt=schriften f. o. S. 14. Sie stehen XI, 50. 194. 197. Willens S. 303 und Aubley S. 343 meinen, es sei Luis gestattet worden, zu beichten und zu communiciren. Aus den Proceßacten ergibt sich das nicht (XI, 149) [1]).

21. General=Inquisitor war bei dem Beginne des Processes Car=dinal Diego Espinosa. Nach dem Tode desselben, 11. September 1572, wurde am 29. December 1572 Pedro Ponce de Leon ernannt, starb aber schon am 17. Januar 1573. Ihm folgte Cardinal Gaspar Quiroga, Erzbischof von Toledo (bis 1594). Diesem widmete Luis 1580 seine im Gefängniß verfaßte Auslegung des 26. Psalms. In dem Widmungs= schreiben sagt er, er habe es Quiroga zu verdanken, daß sein so lange verschleppter Proceß endlich zu Ende geführt sei und mit Freisprechung geendet habe [2]). Da Quiroga schon am 20. April 1573 General=Inquisitor geworden war, so ist das ihm für die Beschleunigung des erst am 15. December 1576 beendigten Processes gespendete Lob doch eine starke Uebertreibung.

Ob Luis' Ordensoberen etwas für ihn thun konnten und gethan haben, darüber findet sich keine Nachricht. Herrera (Bibliot. p. III.) erwähnt nur, der General der Augustiner, Thabbäus Perusinus (der nach *Crusenius*, Monasticon Augustin. p. 208, um 1572 in Spanien war) habe an den Provincial geschrieben, er beklage Luis' Verhaftung und bitte den Provincial, ihm beizustehen.

---

1) Dem Erzbischof Carranza wurde erst 1567 in Rom von Pius V. ge= stattet, viermal im Jahre zu beichten, was ihm die Inquisition während seiner siebenjährigen Haft verweigert hatte; die Communion durfte er auch jetzt nicht empfangen. Laugwitz S. 91.

1) S. 325: Edo autem sub tuo nomine ea de causa, quod per te profecto habeo, ea ut possim edere. Nam cum causa lisque mea saepe cognosci coepta, eius cognitione variis rationibus intermissa et in aliud tempus dilata, ita produci videretur, nemo ut vires aut animi aut cor-poris mei tanto oneri suffecturas esse speraret, tu ea ut cognosceretur atque terminaretur aequum esse censuisti cognovistique eam per te et ea cognita atque eius veritate perspecta et crimine et suspicione criminis exsolutum libertatique ac dignitati meae pristinae redditum me tandem meis meosque mihi restituisti ... Itaque eo mihi gratius fuit iudicio absolvi tuo, id est iudicio, ut omnes norunt, veritate ipsa subnixo, non gratia aliquius eblandito aut expresso.

X. Luis' Leben nach der Gefangenschaft.

1. Am 26. Januar 1573 reichte Luis den Inquisitoren ein Ge=
such folgenden Inhalts ein: Anfangs März gehe das Quadriennium zu
Ende, für welches ihm die Professur des Durandus übertragen worden
sei; wenn er sich nicht wieder darum bewerben könne, werde sie ander=
weitig vergeben werden. Er habe nun zwar kein Verlangen, seine Lehr=
thätigkeit fortzusetzen, welche die Veranlassung zu seinem jetzigen Leiden
geworden sei. Wenn aber seine Professur jetzt einem Andern verliehen
werde, so würden Manche, welche den zu Salamanca herrschenden Ge=
brauch (die Professuren nur auf vier Jahre zu verleihen) nicht kennten,
falls er, wie er erwarte, aus seiner Haft entlassen werde und gleichwohl
nicht wieder docire, meinen, es sei ihm zur Strafe das Dociren ver=
boten worden. So müsse er um seiner eigenen und der Reputation
seines Ordens und seiner Verwandten willen wünschen, die Professur
nicht zu verlieren. Die Inquisition möge also der Universität befehlen,
die Professur vorläufig nicht anderweitig zu besetzen, oder sie möge ihm
erlauben, einige Personen zu Salamanca dazu zu bevollmächtigen, sich
für ihn um die vacant werdende Professur wieder zu bewerben (X, 252).
Diese Bitte wiederholte Luis am 7. März 1573, indem er beifügte: es
liege auch im Interesse der Universität, daß der Schaden, den ihr Ruf
durch die Verhaftung mehrerer Magister erleiden könne, verhütet werde;
bei den häretischen Nationen werde man sich ohnehin erzählen, nicht,
einige Professoren seien wegen Streitigkeiten und Zänkereien verhaftet,
sondern, die ganze theologische Facultät sei lutherisch geworden. Zugleich
deutete Luis an, in Salamanca werde man, wenn er jetzt seine Professur
verliere, meinen, sein Proceß sei absichtlich zu dem Ende in die Länge
gezogen worden (X, 258).

Die Inquisition hätte auf Luis' Gesuch eingehen und der Uni=
versität befehlen können, die Professur vorläufig nicht anderweitig zu be=
setzen. Wenigstens notificirten die Inquisitoren zu Valladolid im Mai
1572 dem Rector der Universität Salamanca, die Professur des in ihrer
Haft befindlichen Magister Barrientos (der freilich kurz darauf frei ge=
lassen wurde, s. o. S. 87) solle, so lange er in Haft sei, nicht ander=
weitig besetzt werden (X, 135. 145).

Luis' Gesuch wurde aber nicht bewilligt, und am 7. April 1573
erhielt sein Gegner Medina die Professur des Durandus. Als dieser

am 21. August 1576 die cátedra de prima erhielt, wurde Fray Garcia del Castillo sein Nachfolger (Tejada S. 44) [1]).

2. Daß das Urtheil der Inquisition über Luis thatsächlich als vollständige Freisprechung angesehen wurde (s. o. S. 109), ergibt sich auch aus der Art und Weise, wie es an der Universität Salamanca publicirt wurde. Noch im December 1576 berief der Rector Don Alvaro de Mendoza den Senat, weil der Magister Luis de Leon demselben Actenstücke, die er von der Inquisition erhalten (s. o. S. 108), mitzutheilen wünsche. Nach Eröffnung der Sitzung wurde zunächst Benito Rodriguez als Commissar der Inquisition vorgelassen. Er erklärte: Die Herren vom heiligen Officium hätten Luis de Leon seine volle Freiheit zurückgegeben und verordnet, daß er in seine volle Ehre und in die Professur, welche er zur Zeit seiner Verhaftung gehabt, und in alle damit verbundenen Rechte wieder einzusetzen sei. Der Rector antwortete: Die Universität freue sich unendlich über die glückliche Rückkehr des Magisters und danke Gott dafür, daß er es ans Licht gebracht, daß an ihr die gesunde Lehre vorgetragen worden sei und vorgetragen werde. Nachdem sich Rodriguez entfernt hatte, wurde Luis das Wort gegeben. Er dankte Gott für die Gnade, die er ihm erwiesen, und erklärte dann: Obschon die Inquisition ihm seine Professur wieder zuerkannt habe, verzichte er darauf, sein Recht gegen den jetzigen Inhaber derselben, den Abt Garcia del Castillo, geltend zu machen [2]); er bitte nur, die Universität möge ihn in Zukunft bei der Vergebung von Professuren bedenken. Er erinnerte dann weiter daran, daß er eine Reihe von Jahren der Universität seine Dienste gewidmet habe, daß seine Lehrthätigkeit die Veranlassung zu dem geworden, was er im Gefängnisse zu erdulden gehabt, und daß seine Freilassung ein deutliches Zeugniß seiner Unschuld und eine allgemeine Gutheißung seiner Lehre sei. Wie sich die Kunde seiner Verhaftung verbreitet habe, so müsse er jetzt wünschen, daß auch seine Freisprechung allgemein bekannt werde. Nach diesen Worten verließ Luis die Sitzung, nachdem er erklärt hatte, er übertrage sein Stimmrecht dem Magister Fray Bartolomé de Medina.

---

1) Ganz unrichtig sagt also Ticknor I, 473: „Die Universität blieb Luis getreu in allen seinen Leiden, mindestens in so weit, daß seine akademischen Aemter weder durch Andere ausgefüllt, noch für erledigt erklärt wurden."

2) Bei Tejada S. 44 ist ein Antrag von Luis abgedruckt, es möge ihm das Gehalt des Professors des Durandus bis zum 29. März 1573, an welchem Tage Medina sein Nachfolger wurde, ausgezahlt werden, da er bis zum 24. März 1572 gelesen und von da an „gesetzlich und ohne seine Schuld" verhindert gewesen sei.

Am 3. Januar 1577 wurde dann beschlossen, Luis zum Ersatz für die Professur des Durandus und in Anerkennung „seiner Person, seiner Gelehrsamkeit und der der Universität geleisteten Dienste, sowie der völligen Freisprechung, mit der seine Haft geendet," — vorbehaltlich der königlichen Genehmigung — für die nächsten vier Jahre einen Gehalt von 200 Ducaten anzuweisen, mit der Verpflichtung, täglich eine Vorlesung über die heilige Schrift zu halten. Diese außerordentliche Professur (partido) trat Luis am 29. Januar 1577 an (Tejada S. 56; er hat also nicht, wie Ticknor I, 473 angibt, schon am 30. December 1576 seine erste Vorlesung gehalten).

3. Die erste Erwähnung der auf Luis' erste Vorlesung bezüglichen Anekdote (s. o. S. 18) finde ich in dem schon im Jahre 1623 zu München gedruckten Monasticon Augustinianum von Nicolaus Crusenius, S. 208: Primam vero lectionem post tenebras ut auspicabatur, pleno consessu ad novitatem evocato, inquit: Dicebamus hesterna die [1]).

Gleich bei dem Wiederbeginn seiner Lehrthätigkeit wurde Luis mit seinem Collegen, Mag. Rodriguez, Professor des h. Thomas, in Streitigkeiten verwickelt (Acten darüber bei Tejada S. 57). Die theologische Facultät hatte ihm durch einen mit sieben gegen drei Stimmen gefaßten Beschluß für seine Vorlesung die Stunde von 10 bis 11 Uhr im Winter, von 9 bis 10 im Sommer angewiesen. Rodriguez, der auch in dieser Stunde seine Vorlesung hielt, obschon für seine Professur in den Statuten die Stunde von 4 bis 5 im Winter, von 5 bis 6 im Sommer bestimmt war, protestirte dagegen und der Rector trat auf seine Seite. Ueber die Entscheidung des Streites liegt keine Angabe vor.

4. Schon einige Monate nach Luis' Rückkehr wurde die Professur des Durandus durch den Tod Castillo's, 9. April 1577, vacant. Luis scheint sich aber nicht darum beworben zu haben. Castillo's Nachfolger wurde Domingo Bañez und dessen Nachfolger im Jahre 1581 Domingo de Guzman, beide Dominicaner. Dagegen wird erwähnt, nach dem Tode Francisco Sancho's, des Bischofs von Segorve, 23. Juni 1578, habe sich Luis um die dadurch zur Erledigung gekommene cátedra de filosofia natural beworben; er habe mehr Stimmen erhalten als sein

---

1) Bayle, Dict. III, 87, citirt für die Anekdote *Ph. Elssius*, Encomiast. Aug. p 443. — In einer Handschrift der Gedichte von Luis (Tejada S. 86) finden sich zwei Oden auf seine Freilassung, eine von dem Bischof Alonso Coloma von Cartagena, die andere von seinem Ordensgenossen Uceda; letztere ist bei Tejada S. 55 abgedruckt.

Mitbewerber, Mag. Fray Francisco Cumel (Zumel, f. o. S. 75 Anm. 1) aus dem Mercenarier=Orden, und am 14. August die Profeſſur angetreten [1]).

Später — wann, erhellt nicht — erhielt er die cátedra de Biblia oder de Escritura; er wird wiederholt als catedrático de Escritura bezeichnet, und unter dem 1. November 1591 wird berichtet, Mag. Juan Alonſo de Curiel habe die durch Luis' Tod vacant gewordene cátedra de Biblia erhalten.

5. Das Schreiben ſeines Provincials Pedro Xuarez [2]) vom 22. December 1577 [3]), wodurch Luis zur Herausgabe ſeiner Schriften veranlaßt wurde, lautet:

Fr. Petrus Xuarez, D. P. Augustini in Provincia Castellae Prior Provincialis, Fratri Luysio Legionensi, Theologiae Professori atque Magistro eiusdem ordinis et voti, S. Quoniam officii nostri res est, religionis bono et honori, in iis praecipue rebus, quae ad publicam proximorum utilitatem spectant, omni ratione servire et ad idem excitare et adhortari omnes huius provinciae viros, a quibus id commode fieri posse intelligimus, quoniamque scimus, te plura et ad sacrarum literarum explanationem et ad theologicas quaestiones pertinentia scripsisse, quae si edantur sint publice utilia futura, idcirco tenore praesentium et nostri officii authoritate in virtute Spiritus Sancti et in meritum sanctae obedientiae tibi praecipimus, ut quos habes confectos in Canticum Canticorum Salomonis commentarios primum, deinde reliqua omnia, quae et in sacras literas et de theologicis quaestionibus commentatus es, typis mandes. Datum Salmanticae. F. Petrus Xuarez, Provincialis.

Ueber die Schriften, welche Luis von 1580 an veröffentlichte, f. o. S. 22.

Nach Mayans (Bibliot. p. II) beauftragte die Univerſität „nach dem Concil von Trient" (wahrſcheinlich unter Gregor XIII., alſo wohl nach dem Proceß) Luis de Leon und den Doctor Miguel Francés [4]) mit Arbeiten für die Verbeſſerung des Kalenders.

---

1) Herrera (Bibliot. p. III) berichtet, der General der Auguſtiner habe am 28. Juli 1578 Luis „die Profeſſur, die er hatte, beſtätigt" und ihm erlaubt, ſich um andere Profeſſuren zu bewerben.

2) So, nicht Suarez (wie Bibliot. p. V) iſt der Name in der Expositio in Cant. und Doc. XI, 346 gedruckt.

3) In dem Abdruck vor der Expos. in Cant. fehlt das Datum; Mayans, Bibliot. p. V, hat XI. Calend. Januarii ann. 1578; ſein Abdruck iſt·ſonſt nicht vollſtändig.

4) Willens S. 235 nennt ihn Miguel Sanchez.

6. Neben seiner akademischen und schriftstellerischen Thätigkeit nahmen Luis auch während dieser letzten Periode seines Lebens mehrfach Angelegenheiten seines Ordens in Anspruch. Insbesondere erhielt er auf dem Capitel zu Toledo im Jahre 1588 den Auftrag, die Statuten zu redigiren, durch welche die strengere Observanz der Augustiner=Barfüßer oder Recollecten durchgeführt wurde (s. Freiburger Kirchen=Lexikon I, 529). Diese Statuten wurden in demselben Jahre gedruckt; s. o. S. 26.

7. Außer den Angelegenheiten seines eigenen Ordens waren es die der Karmeliterinnen, in welchen Luis in diesen Jahren thätig war. Von dem königlichen Rathe wurde ihm die Prüfung der Schriften der h. Theresia übertragen[1]). Er bereitete dieselben auf Grund einer Vergleichung der Original=Handschriften (V, 341) zum Drucke vor. Die Ausgabe erschien 1588 bei Guillelmo Foquel zu Salamanca mit einem ausführlichen, von Madrid 15. September 1587 datirten Dedicationsschreiben von Luis an die Priorin Ana be Jesus und die unbeschuhten Karmeliterinnen des Klosters in Madrid (abgedruckt V, 333 — 352[2]).

Eine 1589 geschriebene „Apologie, worin nachgewiesen wird, welchen Nutzen es für die Kirche hat, daß die Werke der Mutter Teresa be Jesus und andere ähnliche in der Volkssprache gedruckt werden," wurde erst 1615 von dem Karmeliter Tomas be Jesus veröffentlicht (abgedruckt V, 353—363). Von der Biographie der h. Theresia, die Luis auf den Wunsch der Kaiserin Maria, der Schwester Philipps II., zu schreiben übernahm, waren nur einige Bogen geschrieben, als er starb (Tejaba S. 63).

8. In diesen Jahren entstand unter den Karmelitern der Reform der h. Theresia ein Streit zwischen dem Pater Gerónimo Gracian und dem Pater Doria aus Genua, wobei es sich hauptsächlich um die Frage gehandelt zu haben scheint, ob die Karmeliterinnen ihre Beichtväter aus=

---

1) Unrichtig Wilkens S. 355: „Der königliche Rath übertrug Leon, als einem Orakel in Sachen der spanischen Sprache, die Veranstaltung einer neuen Ausgabe mit sicherem Texte statt der von Fehlern wimmelnden Abschriften und Drucke." Luis wurde von dem königlichen Rathe als theologischer Censor bestellt. In der von ihm besorgten Ausgabe steht seine „Madrid 8. September 1587" datirte Approbation. — „Die h. Theresia wurde, heißt es in der Civiltà cattolica S. VIII vol. VI (1872), p. 164, verleumdet, mehr als einmal bei der Inquisition verklagt und eingekerkert. Ihre Selbstbiographie wurde zweimal dem h. Officium denuncirt und blieb dreizehn Jahre bei diesem Tribunale."

2) Der Brief steht in den meisten Ausgaben der Werke der h. Theresia, aber nach der Civ. catt.. a. a. O. „in allen seit der Brüsseler Ausgabe von 1674 erschienenen an zwei Stellen verstümmelt."

schließlich unter den Karmelitern zu wählen hätten, oder, wie die h. Thereresia angeordnet, auch andere Priester zu Beichtvätern haben dürften.
Auf diese Wirren bezieht sich eine Reihe von neun, meist ganz kurzen
Briefen, welche Luis vom 15. Januar bis 18. Juli 1590 von Salamanca aus an Juan Vasquez del Marmol in Madrid schrieb und
welche V, 316—332 abgedruckt sind.   Unter dem 7. Juli 1590 erließ
Papst Sixtus V. ein Breve über die Regel der Karmeliterinnen.   Der
Erzbischof Theutonio Verganza von Evora und Luis de Leon wurden zu
Executoren dieses Breves ernannt und von der Nunciatur zu Madrid zu
einem in dem Karmeliterinnen-Kloster St. Hermenegildo zu Madrid abzuhaltenden Generalcapitel eingeladen. Luis konnte Anfangs wegen Krankheit nicht reisen; dann wurde ihm von der Universität der Urlaub verweigert, weil es genüge daß der Erzbischof dem Capitel beiwohne.   Er
scheint gleichwohl hingereist zu sein; wenigstens autorisirte er im Juni 1591
von Madrid aus den Procurator seines Klosters, für ihn seinen Gehalt
zu erheben, worüber aber wieder Weiterungen mit der Universität entstanden (Tejaba S. 67).

9. Am 14. August 1591 trat ein Capitel der Augustiner zu Madrigal zusammen.   Luis war seit dem Anfang des Jahres Generalvicar
der Ordensprovinz. Das Capitel wählte ihn zum Provincial; aber ehe
es auseinander ging, am 23. August starb er.   Die Leiche wurde von
Madrigal nach Salamanca gebracht und in der Kirche des Klosters St.
Augustin vor dem Altar der Nuestra Señora del Pópulo beigesetzt. Die
Grabschrift (aus Herrera's Geschichte des Klosters San Agustin S. 392
abgedruckt bei Tejaba S. 69 und sonst) lautet:

MAG · FR · LUYSIO · LEGIONENSI ·
DIVINARUM · HUMANARUMQUE ·
ARTIUM ·
ET · TRIUM · LINGUARUM · PERITISS ·
SACRORUM · LIBRORUM · PRIMO · APUD · SALMANT ·
INTERPRETI ·
CASTELLAE · PROVINCIALI ·
NON · AD · MEMORIAM · LIBRIS · IMMORTALEM ·
SED · AD · TANTAE · IACTURAE ·
SOLATIUM ·
HUNC · LAPIDEM · A · SE · HUMILEM · AB · OSSIBUS ·
ILLUSTREM ·
AUGUSTINIANI · SALMANT · P ·
OBIIT · AN · M · D · XCI · XXIII · AUGUSTI ·
AET · L · XIV ·

In der Mitte des achtzehnten Jahrhunderts wurde diese Inschrift durch folgende ersetzt (Tejaba S. 69):

Ven. Mag. Fr. Ludovicus Legionensis, omnigena eruditione ditissimus, difficiliores linguas facile suas fecit, graecam, chaldaicam hebraicam, latinam locutus cum paucis, hispanam ut nullus, hispani dictus est maximus author eloquii. Humaniores disciplinas politiore stilo didicerat, divinas vero, quae in immensum patent, arte sublimiore docuit. His instructus cunctis utilis omnibus deservivit. Studiosis plura edidit volumina cedro digna, — academiae instructos rite discipulos, inter quos Suarius eminuit, qui eximius postea doctor evasit, — Augustinianae familiae strictiores vivendi leges, sancte regendi artem, optimae conversationis exempla, se ipsum, — Ecclesiae catholicae aurea scripta Seraphicae virginis Theresiae, quorum censor exstitit, propugnator et vindex, — coelo pretiosam animam virtutibus ornatam, firmissima praesertim spe in Deum et heroica in inimicos charitate, — huic denique almae domui venerandas sui corporis exuvias. Coelum petiit X. Kalendas Septembris M. D. XCI.

10. Während der Occupation Salamanca's durch die Franzosen wurde die Kirche und ein Theil des Klosters San Agustin durch eine Explosion von Pulverfässern zerstört. Man machte später wiederholt Versuche, Luis' Grab unter den Trümmern wieder aufzufinden, und am 13. März 1856 glaubt man dasselbe gefunden zu haben (Tejaba citirt S. 70 einen darauf bezüglichen, zu Salamanca 1856 gedruckten Bericht).

Alle spanischen Literarhistoriker sprechen von Luis be Leon mit Stolz und Ehrfurcht. Nur Ein spanischer Schriftsteller ist meines Wissens seinem Andenken zu nahe getreten: „1837, berichtet Ticknor I, 480, hat Jose de Castro y Orozco ein Schauspiel „Fray Luis de Leon" auf die Bühne gebracht, in welchem Luis dargestellt wird, als habe er wegen unglücklicher Liebe der Welt entsagt und sei in ein Kloster gegangen. Es muß tief betrüben, in dem eigenen Vaterlande eines der reinsten, edelsten und größten Dichter Spaniens seine Frömmigkeit, sein Gemüth und seine Gaben so unverstanden zu sehen, wie man es kaum einem Pariser Dutzenddichter vergeben würde."

Anhang.

Einige Stellen aus dem lateinischen Commentar zum Hohen Liede.

1. Zu S. 26.

S. 130: Porro *sexaginta* illi, qui juxta lectum excubare dicuntur (Cant. 3, 7), ... etiam referunt ecclesiae praelatorum atque sacerdotum ordines ... Itaque *fortes* sint oportet ... Qui ambitionis labores maximos subeunt et regum domos frequentant et nihil non audent atque tolerant, quoad consequantur quod cupiunt, i. e. rebus ecclesiae publicis praeficiautur, sunt illi quidem *fortes*, — aliter enim tanto tollendo oneri qui essent idonei? — sed non *ex fortibus Israel*. Possunt illi omnia digna indignaque perferre, possunt per obstantes eadem ambientium cuneos viam sibi labore et assentatione quasi ferro aperire, [S. 131] possunt eo tendere vel per medios ignes, quo ipsos perversa honoris cupido vocat; at a virtute adversus vitia in acie consistere, consistere dico vel primum hostium aspectum sustinere aut, si minus militis, calonis saltem munus obire aut omnino militibus se adnumerari velle plane non possunt suntque feminis molliores. Possunt quodvis perpeti, duntaxat dum sibi comparent aliquem gregem, in quo se jactent atque dominentur; at ubi compararunt, pascere eum salutari atque caelesti pastu non possunt... Verum quemadmodum versari in acie aut cum hoste confligere aliquis inermis non possit, ... sic isti ecclesiae praefecti existimare debent, non sibi satis esse, quod sunt manu fortasse promti et parato ad dimicandum animo, nisi praeterea arma habeant ea, quibus in hoc genere belli est utendum. Nam iccirco subjicitur: *omnes accincti gladiis*. Est autem gladius ... verbum Dei scientiaque ejus cum legitima docendi facultate conjuncta... [S. 132] Quo certe gladio, i. e. rerum atque legum divinarum cognitione atque scientia ecclesiae ministri armabuntur, si modo id futuri sunt, quod se esse volunt atque cupiunt, populi christiani rectores, doctores veri, magistri vitae, lumina ecclesiae. Nam quod nonulli arbitrantur et docent, ad episcopi munus gerendum verbi Dei, h. e. sanctarum literarum et theologiae cognitionem necessariam non esse, siquidem eisdem artibus, quibus ab illis comparatur, est administrandum id munus, recte arbitrantur; compararunt enim illud ambitionis pessimis artibus. Sin autem legis atque voluntatis Dei ratio habenda est, sique ex ipsius muneris natura est faciendum judicium, in maximo profecto errore versantur. Quod si illi propter animi sui caecitatem ad hujus legis intelligentiam penetrare non possunt et ad ejus vim intelligendam eorum mentis acies hebescit, veteris illius ecclesiae, quae ante mille annos felicissime floruit, saltem exempla respiciant... Ego sane sic existimo, christianae reipublicae antiquos mores ex eo potissimum tempore in deterius labi coepisse, cum divinarum literarum atque legum imperiti homines cathedras ecclesiae occuparunt. Una enim cum illis avaritia, una luxus atque fastus, una crudelitas et immanitas aliaeque innumerae pestes in

christianos mores invectae ecclesiam oppresserunt oppressamque
ita tenent, ut regressus ad salutem nullus fere sit reliquus futurum-
que [S. 133] videatur, quod non parum multi pii et sancti homines
non sine causa atque argumento verentur, ut, quemadmodum Orientis
populos, apud quos olim christiana disciplina vigebat, tenebris erroris
involvi illorum offensus peccatis Deus permisit, sic etiam nos nostris
irritatus culpis abjiciat sibique quaerat atque provideat alios populos humiles et ad sementem gratiae accipiendam et ad fructum pro-
ferendum idoneos, ad quos simul cum fide Jesu Christi filii sui
transferat a nobis ablatum coeleste regnum et Spiritus Sancti cha-
rismata. Nam et hoc ipsum jam ante mille annos timuit Augustinus,
imo non tam timuit quam praevidit futurum itaque literis prodidit.
Etenim ecclesia, quamdiu homines erunt, tamdiu ut stet necesse
est; sed ut hoc necesse sit, tamen non est necesse, ut in aliquo
delecto et sibi proprie attributo populo aut natione perpetuo per-
maneat. In hos timores malasque spes et in has populi christiani
ruinas incidimus ruendi initio facto ab iis, qui divinarum literarum
ignari atque rudes non sunt veriti manum admovere gubernaculo
ecclesiae... Sed de istorum perverso errore proprio et iusto vo-
lumine aliquando fortasse [S. 134] dicemus eosque infinita et ra-
tionum et testimoniorum copia obruemus. Quanquam illi non tam
ratione revincendi essent, — est enim perspicua et plane ejusmodi,
ut nefas esse videatur eam vocari in dubium, — quam catenis vin-
ciendi, nisi quod nobis in hac parte sint feliciores. Sed adversus
hos alias. Nec enim tanta res commode includitur intra commen-
tariorum angustias.

2. Zu S. 2 und 87.

S. 176: Sed si ista bonorum operum germina nec grata Deo
sunt nec praedicatione aut praemio digna, ut insani quidam nostra
hac tempestate docuerunt, cur ea Deus tam exquisite laudat hoc
loco? An contempsisse illa putandus est is, qui ea dicit paradiso
similia (4, 12)? Sed utrum dicunt, vel nihil ab homine justo effici,
quod vere honestum sit, vel, ut efficiatur, nihil illi ad gloriam et
ad praemium valere? Insanum utrumque ac similiter impium . . .
[177] At detrahitur Christi meritis, quidquid arrogatur nostris ope-
ribus. Imo nos Christi meritorum veram laudem et agnoscimus
et amplificamus, vos . . . minuitis eam et obscuratis. Etenim
non ii sumus, qui cujusquam hominis quamvis justi rectissime factis
quidquam tribuamus meriti nisi in Christo et propter Christum . . .
Dicimus Christi merita, cum ipsa per se amplissima et infinita essent, tum ita esse efficacia ad homines justos efficiendos, eos ut
non solum Deo reconcilient et ex inimicis, qui antea erant, amicos
haberi efficiant, quod vos dicitis [1]), sed etiam ut, quales, qui Deo
chari futuri sunt, esse decet, tales eos reddant, sanctos sc. mente-
que pura ac munda praeditos et caelesti atque divini animi habitu

---

1) X, 519 nennt Luis Luther als Vertreter dieser Ansicht.

ornatos . . . [179] Igitur vos haeretici Christi meritorum et gloriae et virtuti detrahitis, nos debita illum laude et praedicatione prosequimur. Vos inertem quandam et, ut ita dicam, otiosam vim illis tribuitis, nos energiae et efficacitatis plenam. Vos in solo Christo haerere dicitis justitiae bonum, nos ad animos bonorum id introducimus et ab animis ipsorum ad actiones eorundem derivari ostendimus. Vos inhaerere vultis in vite palmites, nullum tamen a vite succum, qui quidem in ipsis sit, illos trahere aut nullos fructus edere, qui pretio et aestimatione sint digni ; nos libere assentimur Christo dicenti: *Ego sum vitis, vos palmites; qui manserit in me, hic fert fructum multum.* Vos quidem fontem omnium bonorum Christum esse fatemini, sed fontem, qui intra sese contineat aquas suas; nos ex eo fonte, quem item inexhaustum et oceano majorem esse fatemur, largos bonorum omnium rivos derivari et ad singulos justos pervenire affirmamus, quibus e rivis effici dicimus, ut in singulis justis, ad quos derivantur, existant singuli fontes, eius ipsius fontis, a quo ortum habuerunt, proportione consimiles ac caelestibus exuberantes aquis, sicut ipse Christus affirmat: *Qui credit in me, fiet in eo fons aquae salientis in vitam aeternam.*

3. Zu S. 70.

S. 210 (zu H. L. 5, 7): Mirum porro alicui videatur, quod semper sponsa in custodes urbis incurrit, a quibus non modo nihil adjuvatur, sed etiam injuriis ac malis afficitur. An est credibile, qui fidelium conventibus praesunt quique praesident ecclesiis Dei, — nam iis urbis ecclesiae atque murorum custodia concreditur, — eos non modo praesidium nullum afferre, sed detrimentum etiam et calamitatem bonis et Dei amatoribus viris saepe importare? Atqui series ipsa rerum aliarum ex aliis nexarum mutuoque se consequentium ac totius orationis atque carminis ordo verborumque ratio ipsa eo nos ducit, verum ut hoc esse credamus. Et certe quemadmodum nihil est bonis antistitibus et qui munus suum rite obeunt humano generi salutarius ac melius, ita cunctis quidem hominibus communiter, sed praecipue optimo et sanctissimo cuique perniciosi sunt et exitiales, qui potestatem, quam acceperunt, praesidendi populo Dei in sua commoda et usus convertunt, h. e. injusti atque mali, quorum semper haud parva copia fuit in ecclesia quosque hujus loci sententia proprie complectitur. Etenim ii sunt, qui pessimo vitae exemplo hominibus sibi subditis vitiorum sunt causa maximorum, qui consentaneis ei vitae sententiis [211] atque opinionibus religionis puritatem inficiunt, qui christianae pietatis ingenuitatem, utpote quae ipsorum fraudulentis artibus et institutis maxime inimica sit, pessime oderunt, nec oderunt modo, sed quocunque aut oblato aut quaesito colore ad ignominiam etiam et ad mortem rapiunt. Atque quemadmodum in ea republica, quae tyrannide opprimitur, nullus est virtuti aut ulli excellentiae locus, propterea quod tyranni cavent sibi atque timent ab omni eo, quod quovis modo praestare aut eminere putatur: sic isti legitima potestate et nominis splendore magno

tyrannorum pectus celantes iisque rebus, quas ad salutem hominum
acceperunt, potestate, jurisdictione, opibus atque copiis in hominum
perniciem atque exitium utentes, quod in ipsis est, perfectae chri-
stianitatis atque virtutis, ut primum eminere atque apparere coepit,
decus infringunt. Quod probare possem multis exemplis, quorum
nobis non minimam copiam nostra actas suppeditat; sed ea quoniam
commemorari sine aliquorum offensione non possunt, si quis est,
qui sibi hujus rei fidem magis astrui velit, is acies animi sui ad
ea, quae superioribus saeculis sunt gesta, convertat... Illos [viros
sanctos et sacros prophetas Judaeorum] contribulium atque ejusdem
fidei et generis hominum, sacerdotum sc. et pontificum, h. e. ipsius
religionis atque pietatis custodum occidit immanitas. Nostro autem
in populo, quamvis [212] evangelica luce perfuso et perfectissimis
praeceptis atque exemplis caritatis erudito, quot viri sancti, quot
docti, quot episcopi ecclesiae lumina ab iis, qui se similiter ciusdem
religionis atque doctrinae antistites haberi volebant, i. e. ab aliis
similiter pontificibus et episcopis speciem, ut inquit Paulus, pietatis habentibus, ipsam rem abnegantibus, aut per calumniam aut
per apertam vim vel loco moti vel in exilium acti vel acerba affecti
fuerunt et ignominiosa morte! Certe Christus ipse non solum in
se clarissimo exemplo docuit, sed etiam verbis testatus est, optimo
et religiosissimo cuique ab improbis pontificibus et religionis atque
ecclesiarum custodibus maximum exitium imminere. Nam de veteri
synagoga dixit: *Hierusalem, quae occidis prophetas et lapidas eos,
qui mittuntur ad te.* In ecclesia porro sua futuros servos praedixit,
qui, quod viderent ipsum moram facere et ob eam causam sibi
persuaderent, eum non esse venturum, servos et ancillas communes
percussuri essent, i. e. futuros religionis suae atque pietatis dispen-
satores atque ministros infideles et pravos, qui servos et ancillas
suas, h. e. sui corporis maxime cara sibi et praestantissima membra
vexarent, calumniis opprimerent, ferro atque flammis persequerentur.
[213] Semper enim nescio quo modo simplex et humile vulgus,
quippe quod ab ambitione avaritiaque vacuum animum habeat,
aequum se atque audiens sanctis hominibus exhibet, semperque lumen
illud verae pietatis, in quocunque elucere incipiat, statim perstringit
oculos privatorum et humilium hominum cosque rapit ad sese. Ad
hos igitur: *Adjuro vos, filiae Hierusalem.* Nam ab iis se adjuvari
perfecti viri volunt, cum in malis tribulationum a Deo derelinqui
videntur, vel quod eos non solum deserunt, sed etiam malis afficiunt,
qui eorum salutis patrocinium deberent inprimis suscipere ecclesiarum custodes atque praelati etc.

4. Zu S. 70.

In der Charakterisirung der vier Perioden der Kirche im Anschluß an H. L. 5, 11—15 wird S. 225 von der zweiten Periode,
von Constantin bis auf Gregor den Großen, bemerkt: Nam quemadmodum ebur (Cant. 5, 14) habet quidem spectabilem nitorem
pretiumque in eo ipsa raritas facit, tamen ipsum non est ejusmodi,

ut cum auro vel pretio conferri queat vel naturali perfectione: sic illud saeculum in comparatione ad primum deterius fuit et ea potissimum ratione deterius, quod charitatis, qua christiana maxime continetur vita, minus habuit, sed tamen fuit, per se ipsum si spectes, satis beatum atque felix.

· Bon ber britten Periobe, von Gregor bem Großen bis zur letzten Zeit, heißt es S. 226: Non solum nimis in arctum et angustum locum redacta est christiana respublica, tot non solum provinciis, sed etiam nationibus avulsis ab ecclesiae gremio atque fide, se[d] [227] etiam, quantum marmor (Cant. 5, 15) cedit auro, aut etiam multo amplius, quod ad pietatis sinceritatem atque puritatem attinet, tantum degeneratum est ab eo, quod superioribus ecclesiae temporibus floruit. Candorem modo et firmitatem quandam fidei retinemus, sed qualis est marmoris frigidam atque lapideam... Huc etiam accedit, quod ipsam et nostra fides atque religio tam diverso ab eo, quo olim tradebatur, nunc traditur et propagatur modo, satis ut appareat, priscos illos homines vere fuisse aureos, nos autem marmoreos et quod [228] de Deucaleone et Pyrrha ferunt fabulae, de saxis esse natos. Nam quod olim per homines non solum inermes, sed ab omni etiam humano praesidio mirabiliter imparatos, nec solum non violenter, sed ne vafre quidem et astute aliquid agentes, contra autem inaudita animi simplicitate leuitateque praeditos praedicabatur et propagabatur evangelium, id nostra aetate nos ipsi videmus (non quidem principum culpa aut consilio, sed privatorum rapacitate et avaritia) inculcari atque tradi per homines ferro succinctos, auri magis rapiendi quam verae religionis in aliorum animos inserendae cupidos, infinita edita strage hominum totisque non modo populis, sed etiam gentibus ad internecionem deletis. Dann heißt es: Sequetur quarta aetas ecclesiae, eaque cum ecclesiae tum mundi ipsius ultima, in qua, studiis hominum ad virtutis cultum conversis et moribus eorum reformatis in melius, Deo praecipue copiose et mirabiliter spiritus sui dona fidelibus impertiente, prima illa et vetus charitas atque iustitia omnium virtutum choro comitata in antiquum et vere avitum ecclesiae solum tanquam postliminio revertetur. Dieses wird S. 229—231 weiter ausgeführt.

Am Schlusse des Commentars heißt es S. 314: Quamobrem hortandi sunt omnes..., ut Christi adventum diligant. Quodsi semper alias id fieri debuit, hoc certo tempore et hoc misero statu christianae reipublicae maxime faciendum nobis est, [315] quando videmus pietate eliminata et omni antiquo more et disciplina deletis tot vitiorum et, quae vitia semper comitantur, malorum agmina in ecclesiam non modo invasisse, sed domicilium in ea posuisse consedisseque ac penitus insinuasse se et infudisse per eam universam et in mores abiisse nostros ita penitus, ut omni humana desperata ope, salutis et mutationis in melius fere nulla nobis reliqua sit spes praeter eam, quae posita est in Christi adventu, cuius illustratione adventus impietas est exstinguenda. Nam, per Deum immortalem, quid mali abest, quod, si adesset, nostra tempora miseriora efficere

et calamitosiora posset? Externus hostis, ísque potentissimus et
infestissimus, christiana regna devastat; nos inter nos collidimur inte-
stinis dissidiis; de religionis doctrina orta dissensio, a parvis primum
ducta initiis, ita crevit paulatim, ut innumerabiles populos atque
nationes ab ecclesiae suae corpore dividens in errores induxerit
perniciosos et impios. Quod porro sincerum et ab errore doctrinae
liberum ac fidei verae retinens manet in ecclesia, quod quam sit
perexiguum, sine gravi animi dolore memorare non possumus, ita
est contaminatum omni peccatorum genere atque corruptum, iis animi
morbis laborat tam exitialibus, tam immedicabilibus, nihil ut esse
minus videamur, quam quod dicimur et nominamur, Christiani.
Quare instemus omnes..., ut lumen vultus sui... amplius caelis
inclusum continere non velit, ... ut adsit denique ecclesiae ruenti
[316], idque non tam nostri gratia, quanquam id quoque, quam
ipsius gloriae causa precemur. Nam etsi optabile sit, ut salvis nobis
atque incolumibus ecclesiae rebus perditis Christus subveniat suae-
que ipse consulat gratiae, cujus graviter opinio apud plurimas
gentes nostra culpa laborat: id tamen si fieri nequit, sique necesse
est, ut nostro interitu et regnorum inter se collisione et imperii
ruina advenienti Christo via muniatur, suae gloriae serviat ipse, de
nobis suo arbitratu, quod volet, statuat...

Bonn, Druck von Carl Georgi.